★ *How good are my table manners?* ★

私のテーブルマナー本当に大丈夫?

森下えみこ

Morishita Emiko

監修

小倉朋子

(株)トータルフード代表取締役

はじめに
フレンチレストラン
ほどよい高級感
落ちついた大人の空間
そんなステキなお店で
初顔合わせの仕事の打ち合わせ
雑誌編集部の方々
ここおいしいんですよ
イラストマンガ家
Wの緊張
ランチなどしながらということだったけど
こんなちゃんとしたお店とは
ドキ
ドキ
このテーブルセッティングが緊張をあおる

第一印象大事
シャキ
とはいえ私もいい大人きちんとした感じを見せないと
オードブルでございます
わぁ
これはどうやって食べるのかな
ステキな盛り付けすぎて…
これはどこから食べれば…
グラスの持ち方ってこれでいいんだっけ?
ああ自信がない
おどおど
おどおど
味もしない

さすが雑誌編集部の方々
こういう場にも慣れていらっしゃるのか
食べ方が優雅でキレイ…
フフフ
そうなんですねー
できてない自分が恥ずかしい…
ハーー
トボ
トボ
せっかくおいしいお店を予約してくださってたのに…
味を覚えていない…
それにしてもあのおふたりステキだった
食べ方もキレイで周りに気を配りながらも
自分もおいしそうに楽しんで食べてる感じで…
おいしそう
次の飲みものいかがしますか？

それに比べて私ときたら…
もういい大人なのに…
私もいろんなシーンでおいしく楽しくごはんを食べられる人になりたい
そのためにはまず食事のマナーをしっかりしないと…！
担当編集者さん
私もじつはきちんと学んだことがなくて…
おっ
じゃあこの機会に！
というわけで食のプロテーブルマナーの教室をしていらっしゃる小倉朋子先生の教えのもと食事のマナーを学び直していこうと思います！

私のテーブルマナー本当に大丈夫？ 目次

はじめに……2

Lesson 1
美しい食べ方を身に付けるための七つの心遣い……9
小倉先生に学ぶ
七つの心遣いとは？……10
一、フェイス・トゥ・フェイスの法則……12
二、指先フォーカスの法則……14
三、一口サイズの法則……16
四、自分ベクトルの法則……18
五、ノイズキャンセルの法則……20
六、絶景キープの法則……22
七、エンディング美の法則……24

Lesson 2
正しい道具の使い方……27
お箸を制す者はマナーも制す！
―お箸の正しい持ち方―……32
これだけはやめよう 嫌い箸といわれるマナー違反な使い方……34
カトラリーの正しい扱い方……36
乾杯とグラスの持ち方……38
ナプキンの扱い方……40
器を持っていいもの いけないもの……42
お椀のいただき方……44
食べ終わったら……46

Lesson 3 食べ方が難しい料理 …… 49

焼き魚 …… 54
骨付き肉 …… 56
殻付きのエビ …… 58
お寿司 …… 60
担担麺（汁物） …… 62
パスタ …… 64
サラダ …… 66
薬味 …… 68
食べ方が難しい料理30選 …… 70
ごはん／カレーライス／カレー&ナン
目玉焼き／ハンバーガー／クロワッサン
ピザ／スープビーフステーキ／白身魚のポワレ
小籠包／天ぷら／チャーハン／サムギョプサル
フライドチキン／ポットパイスープ／焼き鳥
ガレット／茶わん蒸し／納豆巻き／生ガキ
和菓子／シュークリーム／パンケーキ
ミルフィーユ／ドーナッツ／カクテル
コーヒー・紅茶／生クリーム入りアイスラテ
さくらんぼ

Lesson 4 相手に好印象を与える立ち居振る舞い …… 79

上手なシェア …… 84
注文はスマートに …… 86
お酒の頼み方 …… 88
電話予約でおさえておきたいこと …… 90
遠慮の1個が残ってしまったら… …… 92
中座するタイミング …… 94
席を移動したい時 …… 96
上手なお酌の仕方 …… 98
お鍋のマナー …… 100
ごちそうしてもらったら？ …… 102
お店にふさわしい服装は？ …… 104

Lesson 5
会席料理&フレンチのコースを食べに行こう！ …… 107
主な会席料理の流れ …… 108
主なフランス料理のコースの流れ …… 116

おわりに …… 126

小倉先生の大人のテーブルマナー講座
❶マナーのはじめの一歩は、心遣いから …… 26
❷準備段階でできるマナーがあります …… 48
❸わからないことや、意思を伝えたい時はすべてお伺いスタイルで …… 78
❹お料理そのものに感謝をすれば、テーブルマナーはもっと美しくなる …… 106

ブックデザイン　金澤浩二（Fukidashi Inc.）

Lesson 1

美しい食べ方を身に付けるための七つの心遣い

テーブルマナーは、
「配慮」に始まり「配慮」に終わるというほど、
心遣いが大切になります。
技術を学ぶのではなく、
まずは「その心」を知っていきましょう。

小倉先生に学ぶ
七つの心遣いとは?

よろしくお願いします
先生、じつは私食べ方のマナーとかに全然自信がなくて
うん、そんな感じする
ウフフ
ぐさ
おみとおし
?
テーブルマナーは、周りへの配慮を表したものなんですよ
食事は、一緒に食べる人や、料理人、食材、それを育てる土・水・空気、食器やナプキン、窓からの景色…
そのすべての存在を意識すること
それができれば正しいマナーの答えは出てくるはずです

まずは心遣いを学びましょう
はい
大切な心遣いをわかりやすく所作に表したのが
私の考えた『食事《しょくじ》七則《しちそく》』です

[食事七則]

一、フェイス・トゥ・フェイスの法則

二、指先フォーカスの法則

三、一口サイズの法則

四、自分ベクトルの法則

五、ノイズキャンセルの法則

六、絶景キープの法則

七、エンディング美の法則

一 フェイス・トゥ・フェイスの法則
——顔を上げよう——

緊張

まずは その一 同席者の 顔を見ながら 食べるという ことです
さっきから 森下さん 私の顔を見て 食べてない ですよね
ハッ
あっ 先生の前だから、 きれいに 食べなきゃって 緊張しちゃって つい料理に…
顔ごと お皿を見て しまうと うつむきがちに なって しまいます
姿勢を崩さず 視線だけ下にして みましょう

【正しい姿勢】
背すじをピンと伸ばす
テーブルからこぶし1個分空けて座る
頭が常に背骨の真上にくるよう意識して
【和食の場合】
手に持ってよい器は持って食べる
さっきまでの食事の風景と違います
先生の表情もわかります
自分では普通に前を見て食べてるつもりだったけど…
ちゃんと見てなかったですね…
相手を見ることでいろいろと配慮もできるようになりますよ！
そうなんですねー

二 指先フォーカスの法則
——指先まで美しく——

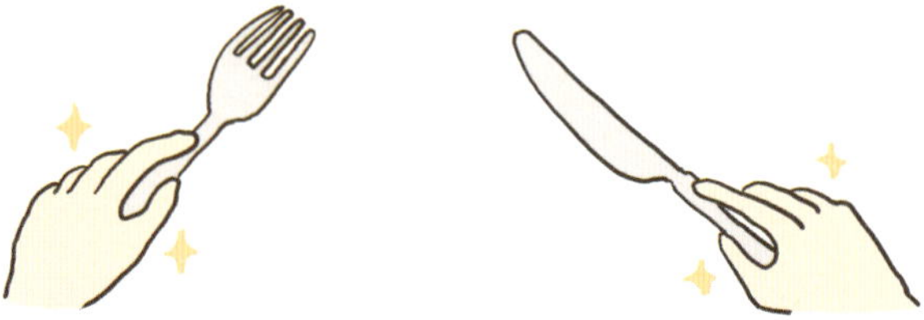

ギク
シャク
カッツン
森下さん そんなに力まれると こちらまで緊張しちゃうわ
あっ すみません
あせ
あせ
私、ナイフとフォークで食べることに自信がなくて…
つい力が…
顔の表情と同じで指先にも表情があります
森下さんの指は緊張でガチガチですね
はい…

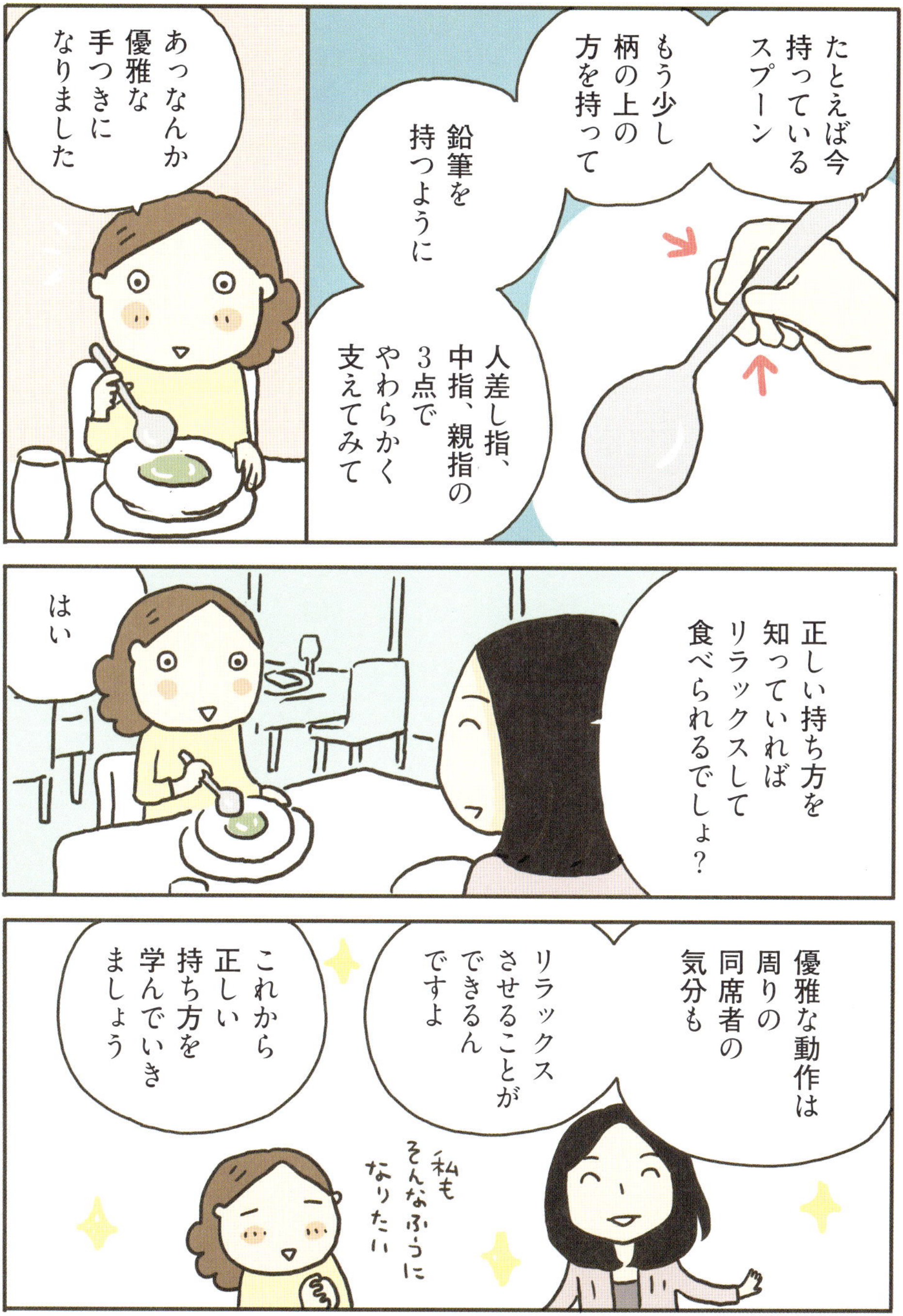
たとえば今持っているスプーンもう少し柄の上の方を持って
鉛筆を持つように
人差し指、中指、親指の3点でやわらかく支えてみて
あっなんか優雅な手つきになりました
正しい持ち方を知っていればリラックスして食べられるでしょ?
はい
優雅な動作は周りの同席者の気分もリラックスさせることができるんですよ
これから正しい持ち方を学んでいきましょう
私もそんなふうになりたい

三 一口サイズの法則

——自分の一口サイズを知ろう——

森下さんはどんな本がお好きなの？
もぐもぐ
…………っと
んぐ
すみません口に入れたら思いのほか大きくて
ハー
今みたいに一口の量が多いともぐもぐしてる時間が長くなって会話がうまく進まなくなってしまうでしょ？
あ

そっか「もぐもぐ」で会話をとめてしまいました…
食事中の会話のリズムを乱さないためには一口サイズで食べることを意識して
一口サイズ
自分の一口サイズを見極めて
お箸やフォークで取る量を調節しましょう
私、忙しくてつい急いで食べるクセがついていて知らないうちに一口の量が多くなっていたかもです
あぐ
これから気をつけます！

四 自分ベクトルの法則

——刃の向きに気を付けよう——

だはは
だからね
…
あれはいけませんね…
食事中ナイフの刃や箸先を同席者に向けることは
やってはいけないことなんです
カトラリーを持ったままあちこちに向けるのもだめです
いや〜ん おいし〜
それだよな〜

話に夢中になると無意識にやってしまっているかも…
同席者の視線にずっと刃がある状態ですし
なにより汁気もたれやすくなります
食事の時一瞬たりとも同席者に刃を向けてはいけません！
会話は同席者に向ける刃は自分に向ける
これが自分ベクトルの法則です
楽しく会話しつつ手元にも気をつけつつ…
大変そう
それを防ぐには
話す時にはお箸を箸置きに置くようにするといいですよ
ナイフとフォークは「ハ」の字で構え
それを崩さないように食べると防げます
なるほど

五 ノイズキャンセルの法則

──音は絶対に立てない──

あっ
すみませんっ
おっ
音が
カツンッ
正しい
カトラリーの
持ち方が
できていない
せいですね
もう少し
人差し指の
力を抜いて
ナイフを
指先で
押すの
ではなく
腕全体で
引いてみて
引く
感じ
スー
あ
スーッと
切れました

正しいカトラリーの持ち方をマスターすれば
音は軽減できます
ほかにもスープを飲む音などもすすらず流し込むように飲めば音はでません
ノイズというのは音だけでなく
香水やお化粧の香り
場にそぐわない服装などもそう
せっかくのお料理のおいしさを邪魔してしまいますよね
普段の食事からなるべく
ノイズを立てない食べ方を心がけましょう
えーっ
もーそいつが最悪で
グチ
グチ
人の悪口もノイズのひとつですね…

六 絶景キープの法則
――最後までお皿の景観を壊さない――

わぁ…きれいなお料理
料理は目でも楽しむもの
きれいな盛り付けは心がわくわくしますね
でもどこから食べればいいか迷います
せっかくの盛り付けが崩れてしまうのはもったいないですよね
そこで

お料理は最初の美しさをなるべく保つように食べましょう！
例えば天ぷらや炊き合わせのように食材を重ねた「山盛り」の料理なら
手前の山から↑
お造りのような「平盛り」なら
端から　右→左→中央
スイーツはとくに見た目の美しさかわいらしさを保って食べたいですね
イチゴやトッピングから食べないように
最後まで絶景だと自分もおいしく食べることができます

七 エンディング美の法則
―食べ終わった食器も美しく―

さすが先生
食べ終えた
お皿も
キレイ…
私も…
ズッ
ズッ
よく
気付き
ましたね
「食べ方」
というのは
食べ終えた
あとの
器にも
残るもの
最後が
美しいと
「きれいに
食べる
人だな」
という
余韻を
残すことも
できるん
です

それ以外にも 食後の 立ち居 振る舞いも 大切です
すべてエンディング美
お会計は スマートに
お願いします
食べ終えたら ダラダラ 居続けない
そろそろ いこっか
同席者や お店の方にも 感謝を 伝える
おいしかったです
ということで そろそろ おいとま しましょうか
はい
ごちそうさまでした
おいしかったです
今日は ご一緒できて うれしかった です
ありがとう ございました
エンディング美

小倉先生の
大人のテーブルマナー講座 ❶

マナーのはじめの一歩は、心遣いから

「テーブルマナー」と聞くと、「いろいろと作法があってむずかしそう」「間違っていたら恥ずかしい」そんなふうに感じる人が多いのではないでしょうか？　もう「大人」と呼ばれる社会人経験者ならなおさら習得しておきたいでしょうし、いまさら人には聞けないなんて気持ちもあるかもしれません。

誤解されがちなのですが、テーブルマナーは食事をするための「技術」ではありません。テーブルマナーとは、相手への「配慮」の表れだと思います。相手とは、一緒に食事をする同席者や、食事を用意してくれた人たちはもちろん、食材を作る人や企業、水や空気、お料理そのものなど口に入るまでのすべてのことです。「相手」が心地よく過ごすための配慮をマナーととらえていただきたいのです。

そうすることで自然と、スマートな食べ方や、作ってくれた方へ「おいしかったです」というメッセージを込めた仕草、食材を大事にする所作が身についていくはずです。難しいと思われがちな、お箸の作法も心遣いから生まれています。箸先を相手に向けない、食べ物を刺さない、お料理の上でお箸を動かして迷わない……すべて、相手やお料理に愛情をもった心遣いの仕草なのです。

スープをズズズッと音を立てて吸ってしまう方、ちょっと相手の立場になって考えてみれば音は不快に感じさせてしまうかもしれませんね？　それでは、音を立てないようにいただくには吸うのではなくスプーンを傾けて流し込むようにすればいいかしら？　ポロポロと崩れてしまうパイ生地のお料理をいただくとき、落としてしまうのは仕方がないけれど、お皿の上で落ちるようにすればお店の方が片づけるのがラクになるな、そんなふうに立ち止まって自分で考えていただきたいのです。

まずは、「相手への配慮」を心がけるところから始めましょう。そうすることで、あなたの食べ方は、どんどん美しくなるはずです。

Lesson 2

正しい道具の使い方

お箸やフォーク、ナイフなどを
はじめとする「食具」の扱いは、
大人になったらきちんとマスターしておきたいもの。
食べ終わるまで心遣いをお忘れなく。

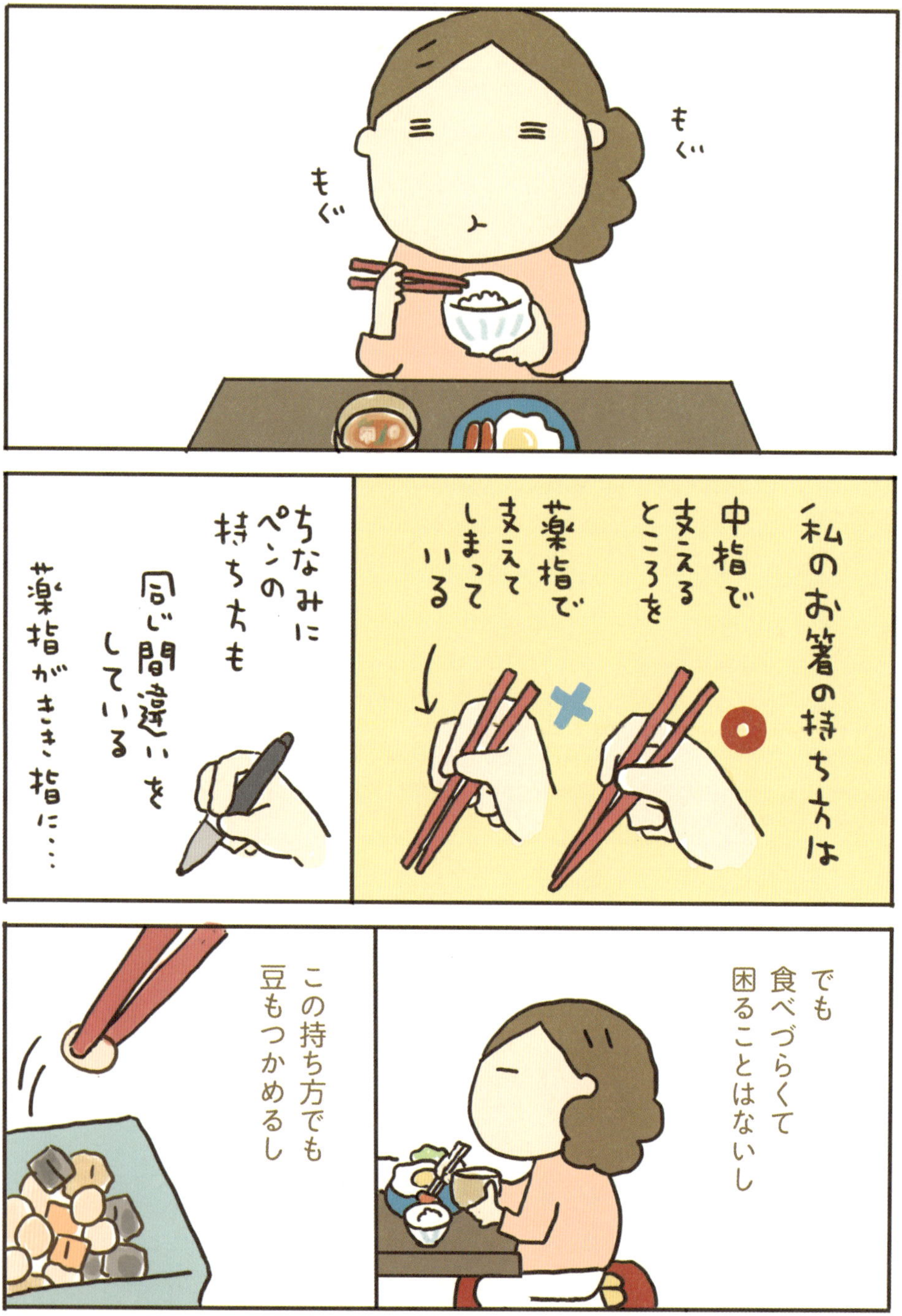
もぐ
もぐ
私のお箸の持ち方は
中指で支えるところを薬指で支えてしまっている
ちなみにペンの持ち方も
同じ間違いをしている
薬指がきき指に……
でも食べづらくて困ることはないし
この持ち方でも豆もつかめるし

なので
ついつい直さずに現在
にいたる
んーおいしーー
フー
不思議な
お箸の
持ち方…
そんな
持ち方で
よく
つかめるな〜
逆に
器用
…

私の持ち方も他の人から見るとあんななんだろうか…
大人になるとお箸の持ち方とか注意されることないから
今まで気にしたことなかったけど
でももしかしたら自分では気付いてなかっただけで
周りの人にはお箸の持ち方が変な人って思われてたりして…
あ、あだ名とかついてたらどうしよう…

たしかにこういうのって自分のことは気にならなくても
他人のことは気になるもの…
カチャ
カチャ
ズズ
ズルズル
うまいっス
でもそうなると
お箸だけじゃなくてナイフとフォークの使い方ワイングラスの持ち方とか全く自信なし…
食事して一番最初に目につくのがお箸とカトラリーの使い方
というわけで次は正しいお箸&カトラリーの使い方を
学んでいきます

お箸を制す者はマナーも制す!
――お箸の正しい持ち方――
というくらいお箸の持ち方は大切です
森下さんちょっとお箸を持ってみて
ギク
もじもじ
全然ダメ…
正しい持ち方
① 鉛筆を持つ要領でお箸を1本持つ(上の箸)
② もう1本のお箸(下の箸)を中指と薬指の間に通す
人差し指の力を抜いて指先は軽く
中指がお箸の間に添えられている

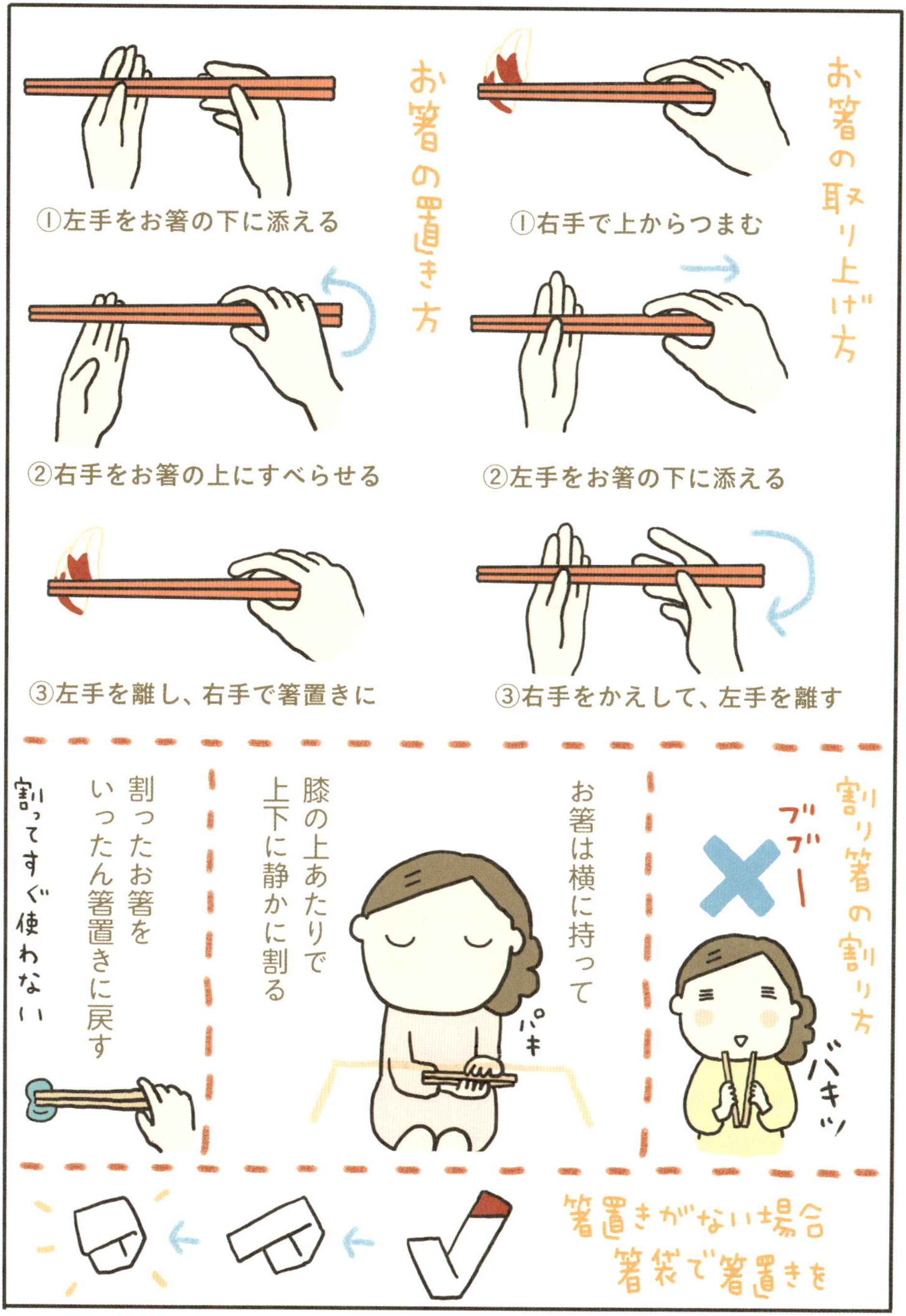
お箸の取り上げ方
①右手で上からつまむ
②左手をお箸の下に添える
③右手をかえして、左手を離す
お箸の置き方
①左手をお箸の下に添える
②右手をお箸の上にすべらせる
③左手を離し、右手で箸置きに
割り箸の割り方
ブブー
バキッ
お箸は横に持って
パキ
膝の上あたりで
上下に静かに割る
割ったお箸を
いったん箸置きに戻す
割ってすぐ使わない
箸置きがない場合
箸袋で箸置きを

これだけはやめよう
嫌い箸といわれる
マナー違反な
使い方
箸使いで
人柄や育ちまで
見えるとさえ
いわれます
えっ
刺し箸
料理に箸を
突き刺す
グサ
しっかり箸ではさむか
1口大に切ってはさむ
振り上げ箸（指差し箸）
箸を振り上げたり、
人を指したりする
やだ〜
アハハ
食べない時は箸を置く
涙箸
箸先から
汁をたらす
ポタ
ポタ
食べる前に汁気を
適度に落とす
器を左手に持って
食べるようにする
さぐり箸
盛り合わせ料理や
汁の中のものを
探す
んー
盛り付けを崩さないで
食べる
心がけ
を持つ
汁ものだと
ついやっちゃう
ことあるかも

掻《か》き箸
箸でかきこんで食べる
ガツ
ガツ
食器に直接口をつけてもいけない
渡し箸
箸を食器の上に渡して置く
これダメなんだ
口をつけて汚れた箸先を人に見せるのは失礼
迷い箸
どれを食べるか迷い箸をあちこち動かす
どれ食べよう
心の中で迷って箸は動かさない
トントン箸
箸先を舌や唇の上で揃えたり食器の上で揃えること
トントン
右手だけで取り上げない
前ページの「お箸の取り上げ方」を参考に
持ち箸
箸を持った手で器を持つ
箸を右手で持ったら食器は左に
空箸
食べようと箸をのばしてやめること
んー
無意識にやってしまってるかも…

How good are my table manners?

カトラリーの正しい扱い方

力まずやわらかく持ちましょう

八の字にかまえる
ナイフは右
フォークは左
刃先は下に
カチャ
カチャ
そっ
そんなに音出すつもりないのに
カツーン

音をできるだけ立てないために
カトラリーは力を入れてにぎらないこと
人差し指にはあまり力を入れず
小指と薬指を手の平につけるように持つ
アーチの形
つい人差し指に力を入れちゃうんだよね
そしてお皿に強く押しつけないように
ナイフの先がお皿にあたって音がでて

力を入れない方が
スムーズに切れる
なるほど
左手でフォークを持つのって慣れてないとちょっとギクシャクしちゃう
かといってフォークを右手に持ちかえて食べるのはNG
カトラリーが料理の上でいったりきたり
スプーンは鉛筆を持つように
柄の上の方を持つとスマート
カトラリーを置きたい時
食事中は「ハ」の字に
ナイフの刃は内側に
フォークは腹を下に
2/3はお皿の上に
ナイフレストがある場合デザートまでは同じカトラリーを使うという意味なので
食べ終わって次の料理を待つ時はナイフレストに置きます
食事が終了したら
カトラリーを揃えて置きます

How good are my table manners?

乾杯とグラスの持ち方

グラスはぶつけません!

私シャンパン飲んじゃおっかな
私は白ワインかな
注いでもらう時グラスは持ち上げないこと
かっこいい…
手はテーブルに
右側からサーブしてくれるので
グラスは常に右側に
そして右手で持ちます

じゃあとりあえず乾杯しよっか
乾杯〜
乾杯〜
スッ
スッ
えっあれ乾杯いやだった?
くいっ
正しい乾杯
胸の高さまでグラスを持ち上げてグラスはぶつけない
笑顔
ニコ

シャンパンてきれい…
なんかいい女になった気分
脚付きグラスの持ち方
指先でボウル部分を支えて
軽く包みこむ感じで持つ
シャンパングラスの特徴
炭酸が早く抜けてしまわないよう長い形をしている
こういうグラスって脚の部分を持った方がいいんじゃないの？
ボウル
脚（ステム）
よく手の温度でお酒がぬるくなるとか言わない？
あっ聞いたことある
世界的には脚付きのグラスはボウルの部分を持つことが多い
脚を持つのは品質をみるテイスティングの時
そうなんだ～じゃあムリに脚で持たなくてもいいんだ
バランスが～
ただし日本では脚を持って飲むのもOK
その場合は
親指
人差し指
中指
の3点で軽くつまむように持つ

★ How good are my table manners? ★

ナプキンの扱い方

お店の方との
コミュニケーションツール
になります

このナプキン…
もう広げていいんだろうか
座ったらすぐ?
料理がきてから?

みんな揃ったわね
ナプキンを広げるタイミングは
全員が席に着いたら
それが「食事をいただく準備ができています」というお店へのメッセージになります
ナプキンは二つ折りにして
折り目が手前にくるようにヒザに広げます

手や口の汚れをふく時は内側で
外側はキレイに
ちょっと席はずすわね
コソ
その時ナプキンはイスの上に
また戻りますという合図
食べ終えた後はきっちりたたまずにテーブルに
おいしかったですっていうメッセージになるんだって
きちんとたたむのを忘れるほどおいしかったみたいな
私ずっと逆のことしてたわ…
おいしかった〜
キチンとたたんで
これは料理に不満があったという意味
ナプキンはお店の方とのコミュニケーションツールになります
おいしかったです
ちょっとずらしたり

How good are my table manners?

器を持っていいもの いけないもの

和食以外はほぼNGです

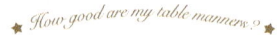

ガツ
ガツ
ピラフをどんぶり飯のように…
もりもり
持ち上げた方が食べやすいとしても
あれはマナー的にだめなのでは

器には手に持って食べていいもの
いけないものがあります
飲みものOK
グラス類
カップ類
湯飲みなど
コーヒーのソーサーは持ち上げてはダメ
和食OK
丼もの
小鉢
汁もの
お重
みそ汁
ごはん
しょう油皿
ただし手に持てないような大皿や大鉢、メインのお料理をのせるお皿などはNG
NG

それ以外は
基本
NG
フレンチ
イタリアン
中華
など
など
NG
そっ
サラダ皿も
NG
し…
知らな
かった…
れんげを
使って飲む
中華スープもNG
取っ手のついた
スープカップはOK
OK
基本的に
和食以外は
定位置のまま
動かさずに
食べるのが
マナーです
正式に
なればなるほど
器は持ちません

How good are my table manners?

お椀のいただき方

フタとお箸の扱いも
覚えましょう

う、
開かない

開きにくい時は
右手でフタを
押さえながら
ぐっ
ぐっ
左手で
お椀のふちを
数回押す
おだしの
いい香り
フワ
水滴をこぼさない
ように「の」の字に
回しながら
開けます
フタは
内側を
上にして

お椀が置かれている側の膳の外に置きます
定食などでも
両手でお椀を持ち上げます
必ず両手で
左手で底を支えるようにお椀を持ち
空いた右手で箸を取り上げ
器を持っている左手の薬指と小指の間でお箸を受け
右手を持ち替えましょう
いただく時はお箸は椀の中に
箸先を同席者に向けない
すするのではなく
流し込むように
食べ終わったらフタを戻します
話に夢中になって忘れがち
アハハ

How good are my table manners?

食べ終わったら…

立つ鳥跡を濁さない

おいしかったね
満足〜
フー
ここきて正解だったね
ね〜またこようね
ササッ
スッ
ハッ

私
ごちゃ
友達
きちん
食べたあとキレイ…
それに比べて私ときたら…
なんかまちがい探しみたいな…
まちがいだらけ

器のフタは元に戻す
お箸は箸袋に戻し先を折る
使用済ですよの意味
箸置きを作った場合は、結び目に入れる
口をつけたところを隠す配慮、
残してしまったものは右上によせておく
普段からできるようにしないとね
片づけてくれる方もこの方がいいよね
下げてもらう時食器は重ねない
裏が汚れてしまうので
これも
どうぞー
おいしかったです
片づけはお店の方におまかせしましょう

小倉先生の
大人のテーブルマナー講座 ❷

準備段階でできる
マナーがあります

Lesson 1で森下さんにお伝えした、私の思う「食事七則」のなかに「ノイズキャンセルの法則」というものがあります。音を立てないというものですが、ノイズは五感すべてで感じるものです。ノイズを意識することもマナーの向上につながります。

たとえば、香水。きつい香水をつけていると、せっかくのお料理の香りが感じられなくなってしまいます。同席者やお店全体が不快に感じるかもしれません。服装も同じく。フォーマルなお店に、カジュアルな服装で行ってしまうと店内の雰囲気も壊してしまいます。夏場の女性にありがちな、露出の多い服も避けたいところです。

ノイズを意識すると、自分自身がもっとお料理を楽しめるようになります。嗅覚を意識すれば、よいお出汁の香りを感じられるでしょうし、お店の雰囲気に合った服装は自分の意識も高まり、優雅な気持ちでお料理と向き合えます。

ノイズは、お店へ向かう前の準備段階で軽減できます。香水は控えめに（繊細な風味を大事にする和食店では、つけていかないほうがよいでしょう）、お店の雰囲気に合わせた服装を選ぶ、食器とぶつかって傷つけてしまうような大ぶりのアクセサリーは身に着けないなど、食事に向かう前に考えてみましょう。それだけで、あなたのテーブルマナーのレベルはアップします。

自信が身に付くと、物事はよい方向に向かいます。堂々とすることで姿勢がよくなり、姿勢がよくなったことで視野が広がり相手への配慮が行き届きます。また、余裕が生まれることで、お料理をいただくときの所作も美しくなっていき、同席者との会話も弾みます。結果、おいしくお料理をいただけるという具合です。

心遣いを意識できるようになったら、次は準備段階でできることを実践していきましょう。

Lesson 3

食べ方が難しい料理

焼き魚に、骨付き肉、エビに目玉焼き……。
正しい姿勢で、食具を味方につけて、
おいしくいただくためのコツを、
お料理別にご紹介します!

お昼ごはん
わー
カレーポットで出るカレーって久しぶり～
この紙ナプキンに包まれたスプーンとかわくわくする
ん？
これって最初に全部かけていいんだっけ？
ちょっとずつかけるんだっけ…？

食べ終わってるし……
チラ チラ
一応調べたりして
コソ コソ
二〜三口分ぐらいずつをスプーンですくって
ごはんにかけて食べる
その方がキレイに食べられるし
ルーが冷めにくい
食べ方を知るとおいしく食べられる

友達とのランチにて
私、エビカレーにしようかなー
あっおいしそ
私最近カレーばっかり食べてる
でね
ズッ ズッ
パク
ズッ ズッ

ヨーコさんの食べ方っていつもキレイだなお皿もキレイ
私とそんなに食べ方は違わないはず…？
ヨーコさんの食べ方キレイだね～
えっそお？
コ、コツとかあるの？
えっフツーに食べてるだけだよ
あっでも頭の中でキレイに食べられるように考えながら食べてるけど
端から食べようとか
ちゃんと考えて食べてるんだ！
無計画
おいしく食べるためにきれいに食べるためにしっかり食べ方を勉強します
私も！

How good are my table manners?

焼き魚

- 手は極力使わない
- 身はひっくり返さない

あっ
切り身じゃない
最近魚食べてないからと思って注文してみたけど…
うまく食べられるかな…

まずははじかみを横によせすだちをしぼります
背びれや胸びれを外します
右上によせる
そして真ん中のおいしそうなとこから
といきたいところですが
上身の頭側から左→右の方向で食べ進めます
身はほぐさずある程度の量を塊で取るとキレイ
ホコ

手は極力使いません
小骨もお箸で取って
む
骨が
この時も手ではなくお箸で取ります
下身を食べる場合
骨の間から身をほじるのはNG
ほじ
ほじ
上身を食べたあと魚をひっくり返すのもNG
よいしょ
中骨を
ポキ
と折って
この時は手を使ってOK
中骨を外します
頭も一緒にはずします
小骨、魚の皮なども右上に
小さくまとめて右上に
↓
下身を食べます
キレイに食べるにはもうちょっと修業が必要かも

骨付き肉

- 最初に肉と骨を外す
- 骨についたお肉は手で食べてもOK

骨付き肉って
おいしそう
なんだけど
食べるの
大変そう
なんだよね
鴨の
コンフィ
あっ
お肉がほろっと
やわらかいから
ホロッと
何もしなくても
骨が
骨とお肉が
離れてしまえば
あとは難しいことなし

難しく考えず
先に骨と
肉を切り
分ければ
いいだけの
こと
フム
フム
スペアリブ
ナイフとフォークが
出ている場合
ナイフと
フォークで
食べます
基本的に
お店で用意された
カトラリーで
食べるのが
マナーです

まず最初に
骨にそってナイフを
入れて肉を外します
この時
お肉を裏返したり
するのはＮＧ
切り離した骨は
お皿の右上に置きます
外したお肉を
左側から一口大に
切って食べ進めます
最後にナプキンで
骨を持ち
ここおいしいとこ
残ったお肉を
食べてもＯＫ
フィンガーボウルが
出ている場合
手で食べてよい
ということです
ガブッと
フィンガーボウルの使い方
すべて食べ終わったら
片方ずつ
指先をこすり
合わせて
洗います
そのあとナプキン
で水気を
ふきとりましょう

殻付きのエビ

- 殻はナイフをくるんと回して取る
- フィンガーボウルが出た場合は手で食べてもOK

料理写真のないメニュー
どんな料理かわくわく
ランチ
Aコース
Bコース
料理がきてわかる事実
どーん
どうやって食べれば…
私の殻付きエビを食べるイメージ
アニメ映画の…
バキバキ
むしゃあ

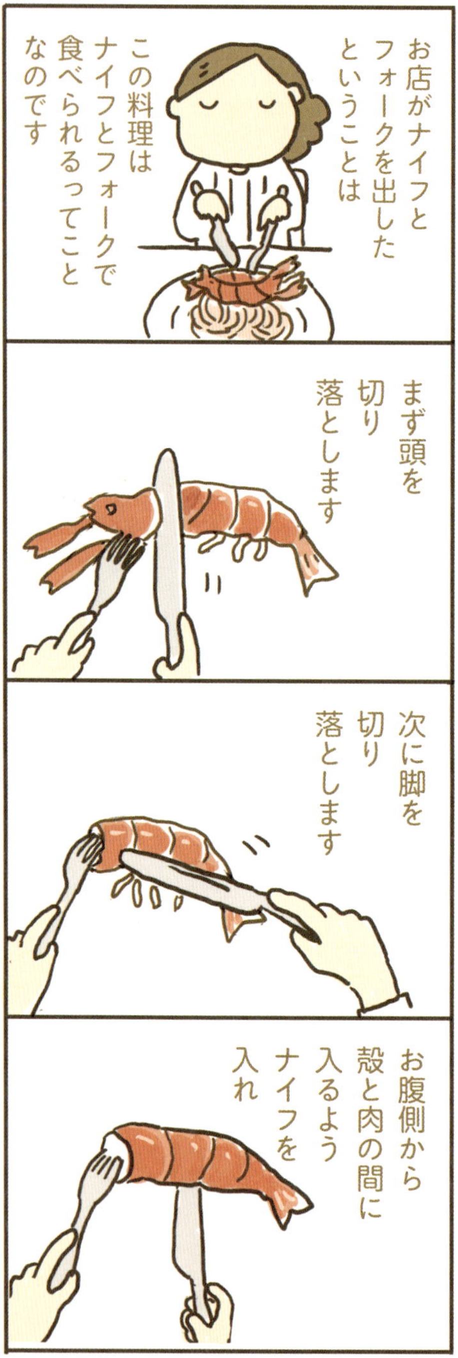
お店がナイフとフォークを出したということは
この料理はナイフとフォークで食べられるってことなのです
まず頭を切り落とします
次に脚を切り落とします
お腹側から殻と肉の間に入るようナイフを入れ

フォークを支点にし
右手ナイフを奥に
くるんと1回転する
ように
殻を回して
くるん
外します
わーい
身が
ぷりっと
殻は右奥か殻用の
お皿があったらそこに
中の身を手前に
取り出し一口サイズに
切って
食べます
フィンガーボウルが
用意されている場合は、
手でないと無理な
場合の補助として
使います
手で、頭と足を取り
親指を腹の部分に
入れて殻を取ります
両手を入れてはいけません
身を取り出した
あとは
ナイフとフォークで
いただきます
おいしい
パク

お寿司

- オーダーは、さっぱり系からこってり系へ
- おしょう油はネタの端に

回らない お寿司屋 さん…！
夫の知り合い のお店 なんです
好きなの 頼んで くださいね！
大将が 目の前に …！
ドキドキ
好きな ネタ…
回る寿司にて サーモン サーモン マグロ サーモン
ダメダメ たしか順番が あったはず

オーダーの仕方
こってり系 ← さっぱり系
中トロ・ウニ・大トロ など
白身魚や貝 など
トロ
マグロ
イカ
ヒラメ
穴子
ウニ
ホタテ
タイ
最後に
汁物
巻き物
わからなかったら お店の人に 聞こう
今日の おすすめは なんですか？
そうです ね〜
こちら タイです
お寿司に おしょう油を つけるのって
ネタが ずれそう になったり
崩れ そうに なったり
私いつも 下手で

おしょう油のつけ方
箸先でお寿司を左に倒して
ネタとシャリをはさみ
平行にはさむと崩れにくい
ネタの端におしょう油をつけます
ちょん
おしょう油がたれるのが気になる時は
スッ
しょう油皿を持って
キレイ
そっかまずお寿司を左に
あっごはんが崩れ…
ポロポロ
シャリにはおしょう油をつけないように
食べる時はなるべく一口で
食べきれない時はお皿に戻さず二〜三口で食べます
軍艦巻きは
こぼれんばかりのいくら
ちょんちょん
おしょう油をガリにつけて
フーおいし
あっお茶を—
えーとあがりを…？
お茶でいいんですよ
ハハハ
お茶をいただけますか？
「あがり」「おあいそ」などはお店側の隠語なので本来客側は使わない

ネタ・シャリはOK

How good are my table manners?

担担麺
（汁物）

- 麺の下をつかんでゆらさない
- スープを飲む時は、お箸は置く

今から
担担麺を食べます
まず麺をお箸でほぐしながら
左手をそえて
服にスープがはねるのを心配します
大丈夫かな

じゃなくて
うどんとかおそばとか
気をつけているつもりでも服にスープが飛んでたりするのよね…
それは
先生登場
すすっている時麺が最後にはねるからです！
ハッ
プルンプルン
再び
麺は一口で食べられる量を取ります

大量に取ってしまうと途中で噛み切ってしまったり
口の中いっぱいに詰め込んでしまうことに
はふ
はふ
口に入れたら麺の下の方をつかみ
お箸を下にずらしながら
麺のしっぽをゆらさない
スッ
スッ
スッ
麺を送ります
麺がゆれなければ、スープは下に落ちます
なるほど
れんげを受け皿代わりに使っても
上品です
ススッ
スープもはねません
れんげでスープを飲む時は
おいし
右手に持ちかえて
お箸は置くこと

How good are my table manners?

パスタ

- 一口サイズに巻き取る
- スプーンは使わない

パスタを食べる時に気をつけたいこと
麺をすすって食べない
ズル
ズル
麺を途中で噛み切らない
ブチ
つまりきれいに一口サイズに巻ければ…
でもその一口サイズに取るのが
意外と難しい…
巻きすぎ…

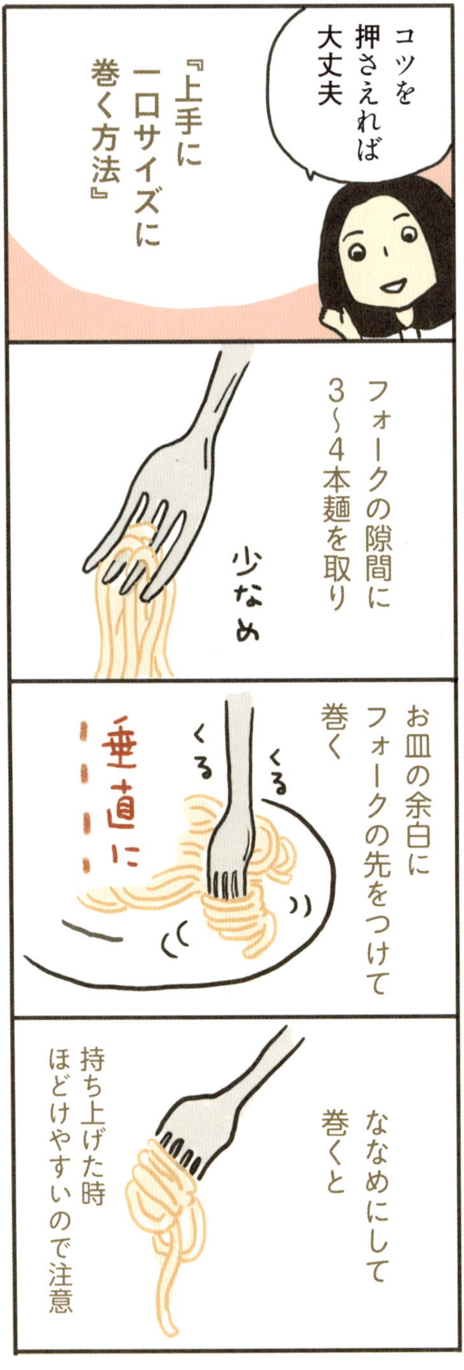

コツを押さえれば大丈夫
『上手に一口サイズに巻く方法』
フォークの隙間に3~4本麺を取り
少なめ
お皿の余白にフォークの先をつけて巻く
くる
くる
垂直に
ななめにして巻くと
持ち上げた時ほどけやすいので注意

スプーンを使って食べるのはイタリアでは子どもだけといわれています
くる
くる
でもこの巻き方なら…
くる
くる
くる
きれいに巻けた
巻き終わったあと一口サイズになるように最初に取る時に調整しましょう
ボンゴレの場合
ナイフで殻を押さえフォークで身を取ります
殻は皿の右奥にまとめます
ショートパスタの場合
うずうず
シャキーン
ブス
フォークの腹にのせて落とさないように水平に保って口に運びます

サラダ

- サラダ皿は持ち上げない
- ナイフをサポート役に使う

ブス
むしゃあ
あらやだドレッシングが口元に・・・
ブッブー
意外と食べにくいことがあったりするサラダ

形状がさまざまな野菜はフォークで刺しにくいもの
大きくて薄い
薄くて小さい
細くてこまかい
丸い
レタスなどは一口サイズに折りたたんで刺します
葉物
くるっ
千切りキャベツなどはまとめて束にして刺します
シャキ
シャキ
ベビーリーフなど薄くて小さいものは何枚か重ねて厚みを作ってから刺します
サッ
サッ

サラダをナイフとフォークで食べる場合
一口で入らない長さのものなどはナイフで切りましょう
水菜
アスパラなど
切ったあとはフォークを右手に持ちかえないで
ナイフをサポート役として上手に使います
まとめて刺す
ナイフで折って刺す
転がらないようにナイフで支え
斜め横から刺す
サラダ皿は持ち上げずに定位置に置いて食べること
NG
ドレッシングが別に添えてある場合は
一度に全部かけず少しずつかけましょう

薬味

- 基本的にはお好みで
- 食材に直接つけて食べるのがおすすめ

薬味を上手に使いこなして食べる人って
食の上級者って感じする
ちょい ちょい
私はというと
キョロ キョロ
これはかけるのかなタレにまぜた方がいいのかな
これはどういうタイミングで食べれば…?
よくわかっていないこと多し
はじかみ

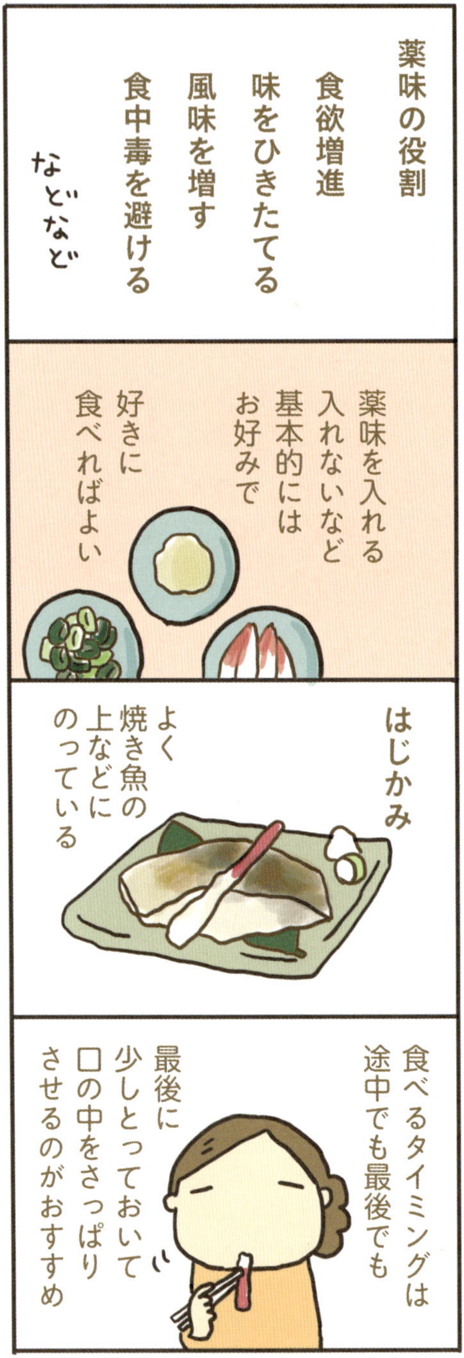
薬味の役割
食欲増進
味をひきたてる
風味を増す
食中毒を避ける
などなど
薬味を入れる入れないなど基本的にはお好みで
好きに食べればよい
はじかみ
よく焼き魚の上などにのっている
食べるタイミングは途中でも最後でも
最後に少しとっておいて口の中をさっぱりさせるのがおすすめ

レモンやすだち
周りに飛び散らないように
左手でおおいながらまわしかける
大根おろし
おしょう油をかけ
食材にのせて食べる
お刺身と薬味
しょうが、にんにく、わさびなどはおしょう油に溶かさず
お刺身の上にのせるのがおすすめ
おしょう油は先の方につける
からしは
直接つけないで
ちょっととって
食材につけて
食べます
おそばと薬味
まずは何もつけずにおそばを味わってから
そばつゆに薬味を入れていきます
わさびはそばつゆに入れずにそばに直接
つけるのもおすすめです

食べ方が難しい料理 30選

ごはん

お皿の場合

ごはん粒を残さないようナイフをそえて

フォークの腹にのせる

フォークは右手に持ち替えないで左手のまま

お茶碗の場合

左手前から右奥へ一方向に食べていく

するとごはん粒が散らかって残らない

ごはんの上におかずをのせない

カレー&ナン

ナンを一口大にちぎる

インドでは右手だけを使います

折り曲げてスプーンのようにしてカレーをすくいながら食べる

カレーライス

ルーとライスの境目から食べはじめ

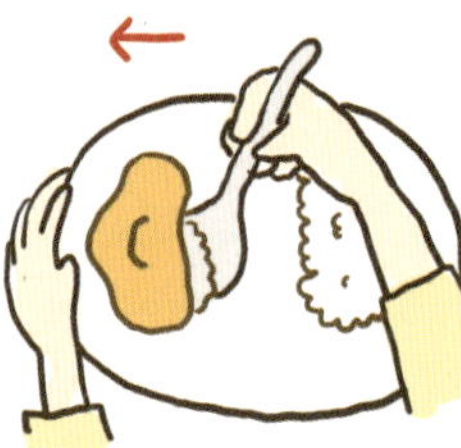

ライス↓ルーに寄せながら食べていく

クロワッサン
かじって食べるとボロボロと
パンくずが服に…
お皿にクロワッサンの一部分をつけて
ゆっくりちぎる
こぼれた生地はしっとりした生地につけて食べる
目玉焼き
黄身に軽く切り込みをいれる
黄身が流れ出るのを防ぐ
①
②
③
④
⑤
⑥
⑦
⑧
左側から一口サイズに切って
白身に黄身をつけながら食べていく
ピザ
手で食べる場合
内側に折り曲げて食べる
チーズがたれる時は
フォークですくってのせる
ナイフとフォークが添えられていたら
左側から切りながら食べる
ハンバーガー
紙に包まれたハンバーガー
紙を少し立てて食べると
相手に口元を見せないで食べられる
ぎゅっ
手で押すと食べやすくなる
ナイフとフォークで食べる場合は
ピックをずらしつつ
左から切る

スープ

スープは飲むというより食べる

スープをすくう方向

手前から奥　英国式

奥から手前　フランス式

どちらからでも問題ない

すくう量

スプーンの2/3ぐらい

スプーンを下唇にあてスープを口に流しいれる

✕ すすらないで

小なくなってきたらお皿を傾けて

ビーフステーキ

左側から一口大に切って食べていく

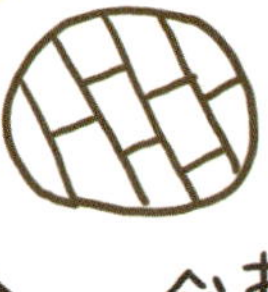

お肉を斜めのラインに切っていくと

ヒジが上がらず切る姿がキレイ

八の字

白身魚のポワレ

白身魚は身がやわらかいので崩さないように

フィッシュスプーンはナイフと同じように使ってOK

切り分けた魚とソースをフィッシュスプーンにのせて食べる

チャーハン
れんげの持ち方
溝に人差し指をのせる
一口分をれんげで切って外から内にむかってすくう
真ん中からもりっと掘らない
小龍包
皮の厚いところをつまんで
れんげにのせる
熱い時はお箸で上の方に穴をあけて冷ます
しょうがなどものせ食べる
サムギョプサル
芯の方に具を置いて葉を巻く
上から葉をかぶせて左右をたたむ
①
②
③
天ぷら
盛り付けを崩さないように
手前から順番に食べる
サクッと食べたいなら
スダチやレモンは衣ではなく天つゆにかけるとよい
一口分天つゆにさっとつける
塩は手でひとつまみ

焼き鳥

串からはずして食べる場合

串を回しながらはずす

串先はお皿につけて

フライドチキン

紙ナプキンで骨の端をつかんで食べる

口の中に骨が入ってしまった時は左手で口をおおいそっと右手で取る

ガレット

黄身に少し穴をあけ

端から生地を切って

つけながら食べる

ポットパイスープ

パイをスプーンで少しずつ崩しながら食べる

スープにひたしながら

器についたパイもつまんで食べてOK

納豆巻き

納豆が
下から
でてきて
しまう
端の余った
海苔を
フタがわりに
くっつける

茶わん蒸し

最初に
スプーンで
なぞるように
器の内側を
一周すると
食べやすく
食べたあとの
器もキレイ
熱い場合は
かきまぜてOK
お吸いもののかわりに
出されていたことも
あるということで
器に口をつけても
よい

和菓子

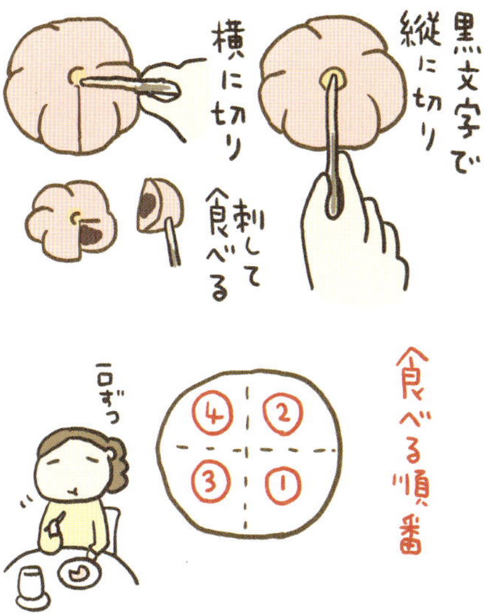
黒文字で
縦に切り
横に切り
刺して
食べる
食べる順番
一口ずつ
4
2
3
1

生ガキ

身のはずし方
貝柱の部分に
フォークを差し込み
持ち
上げる
ヒダの
ある方に
差す
レモンをかけ
食べる
殻はお皿に
置いて
汁はパンに吸わせて
食べる

ミルフィーユ

左から上半分を切って食べ

次に下を切って食べすすめていく

ナイフは小刻みに動かすとパイ生地をつぶさない

シュークリーム

ナイフとフォークで食べる場合

やわらかいシュー生地

ふたのシュー皮をはずしフォークでクリームをつけながら食べる

クリームが少なくなったら下のシューをナイフとフォークで食べる

かたいシュー生地

フォークで押さえて

一口サイズに切って食べる

ドーナッツ

粉砂糖のたくさんついたドーナツ

半分に割って

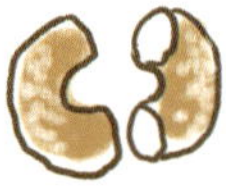

砂糖をおとす

食べたあと口の横にチョコや砂糖がつかないよう

パンケーキ

何枚か重なっているパンケーキはまず十字に切りバターやシロップをしみこませる

食べる時は上から一枚ずつカットして食べる

生クリーム入りアイスラテ

ここの生クリームのところが食べたい
ストローが食べる形のものなら食べてよい
ストローでラテにまぜながら飲む

カクテル

ショートカクテルは冷たいうちに飲む
フルーツを食べたあとの皮はコースターなどに置き飲み終わったらグラスの中に入れる
皿などには入れないように
ストローが2本あるのは1本は果物がつまったときなどのための予備
飲む時1本でOK

さくらんぼ

種のあるフルーツ
種はスプーンの上にだす
だした種は紙ナプキンに包む

コーヒー・紅茶

砂糖・ミルクをお好みでいれカップの中央で静かにゆっくりかきまぜる
カップの奥で水気をそっと切る
カチャカチャ音をたてない
カップは両手で持たない右手でつまむようにして持つ
紅茶はテーブルがない場合、ソーサーを持ってよい

小倉先生の
大人のテーブルマナー講座 ❸

わからないことや、意思を伝えたい時はすべてお伺いスタイルで

「聞くは一時の恥、聞かぬは一生の恥」といいますが、テーブルマナーも同じだと思います。テーブルマナーの所作は、経験を積んでいかないと身に付きません(逆に言うと経験を積んでいけば必ず身に付きますので、できることはがんばりましょう)。食のマナーをお教えして15年以上になる私も、毎日が発見の連続です。

初めて目にするお料理は、自分でお料理と対話しながらいただいていくのもよいのですが、お店の方に尋ねてみるというのも一案だと思います。たとえば「こちらのお料理、初めていただくので食べ方を教えてくださいますか?」と聞けば、みなさん快く教えてくれます。お店の方とコミュニケーションを取ることで、自分では発見できなかった食材や味付けを知ることができるのも楽しいですね。「手でお召し上がりください」と言われたものは、手でパクリと、「ソースをたっぷりとつけて」と言われたらまずは、その通りにしてみます。作り手が意図したことを体験してみる、それは相手の心遣いを受け入れることだと思います。食べ方がわからずオロオロして食べるよりも、しっかりと尋ねて相手の意図する食べ方でいただいたほうが、味も数倍おいしく感じられます。

お料理に合ったワインの選び方や、本日のおすすめのお料理なども「お伺いスタイル」を用いても恥ずかしいことではありません。

また、お店の方に自分の意思を伝えたいときも、すべて「お伺い(尋ね)スタイル」がよいでしょう。「お腹がいっぱいになってきたので、次のお料理は量を減らしていただけますか?」「苦手な食材があるので抜いていただくことはできますか?」など、尋ねるスタイルであればお店の意図に反することなく自分の意思を伝えられます。

自分が料理を楽しむためにも、お店側の方たちの心遣いまで配慮して、上手にコミュニケーションを取っていけるといいですね。

Lesson 4

相手に好印象を与える立ち居振る舞い

スマートな注文の仕方や、
美しく見える取り分け方のコツ、
ごちそうになった時のお礼のタイミングなど、
同席者と気持ちのいい時間を過ごすための
振る舞いを知りましょう。

仕事柄
編集者さんと
食事をすることも
多いのですが
あ、このお皿さげちゃいますね
こっちのどうぞ
次、何か飲みもの頼みますか?
大丈夫です
編集者さんって
みなさん
すごく気配り上手
てき
ぱき
あっとりわけます
わっ私もと思うんだけど
遅い
サッ
サッ

どうやったら
そんなふうに…
てきぱき
あー
私は昔営業職を
やってたので
接待とか
そこで先輩に
色々教わったって
いうのは
あると思います
あとはやはり
単純に
慣れですかね
ハハハ
慣れ
かぁ…
会社員の頃の
めんどくさ
そうな
飲み会は
全部逃げてたし
コソ
コソ
すでに
仲のよい人
との食事だと
慣れすぎちゃって
各自
マイペースに
食べて
飲む
初対面の方と一緒だと、
キンチョーしすぎちゃって
ギク
シャク

できたら初対面の人と
お会いする席でも
ステキに
ふるまえる人に
なりたい…
第一印象大事…!
フムフム
理想形
としては
自分の食べ方だけを
考えず
周りに配慮し、考え、食べ
会話をして
場も和ませる
ことが
できれば
完ペキよね
な、
なかなか
大変そう
なおかつ
おいしく
食べたいし
・・・
とその時は
思ったけど

逆に考えて
自分の食べ方だけ考えて
周りに配慮せず食べ
場の空気を考えないで会話する
ベラ
ベラ
そんな人と一緒に食べたくない…かも…
ハッ
次の食事のなかなかこない原因はそれ？
きちんとした食事の時の立ち居振る舞いまずちゃんと覚えよう!!

上手なシェア

- 盛り付けは高さを出すと見栄えよし
- パスタはフォークで巻く回数で量を合わせる

あ
取り分けますね
私もこういう時さささっとできる人になりたいもんだわ
ありがとー
サッ
サッ
でもついやってくれる人におまかせしてしまう…

なのでたまに自分がやることになると
もたもた
4等分だから1人分でこのくらいかな
わさ
あっなんか盛り付けが汚い・・・
意外とセンスが要求される
理想の盛り付けこのサラダのミニチュア版を作ると考えましょう

シーザーサラダなどは下から手前に2〜3回まぜてから分け
盛り付けは高さを出すと見栄えよいです
こんもり
クルトンなどトッピングはあとからのせましょう
大皿をシェアする場合
1回に全部分けなくてもOK
残してもよい→
パスタも分ける前にソースが均等に麺にからむようにまぜて
同じ量を分けるにはくるくると巻く回数で調整
大体2巻きぐらい
くるくる
徐々に盛り付けが上達

How good are my table manners?

注文はスマートに

- お店の方にお願いをする時は質問スタイルで
- お店の方を呼ぶ時はアイコンタクト

コースにしますか?
アラカルトもいいですね
コースにしましょうか
そうですね
Aコースがいいんだけど…
これだとパスタが食べられないんだ

Bコースだと量が多い気もするし…
うーん
ここパスタがおいしいんですよね
基本的にお店のコースバランスがあるのでコース変更はしないこと
お店の方にお願いする場合は質問する形で
メニューの交換はできますか?
コースメインのお店でパスタだけ頼むのはNG
Bコースにしよう

苦手なものはできるだけ予約時に伝えておくこと
この料理セロリを抜いてもらえますか？
注文時に聞くのもOK
注文決まった？
はい
メニューを閉じたら決まった合図
パタン
パタン
お店の方を呼ぶ時はアイコンタクト
ニコッ
キョロキョロ
すいませーん
はい
気が付いてもらえない時は静かに手を上げましょう
やっぱりちょっとおなかいっぱいになりそう…
コース料理でどうしても途中おなかいっぱいで食べられなくなりそうな時は
次から少なめにお願いできますか？
お店の方にお願いがある時はすべて質問スタイルで伺いましょう

How good are my table manners?

お酒の頼み方

- ワインはおまかせではなく、ある程度好みを伝える
- 飲めない人は無理をせず最初に周りに伝えておく

まずは料理の前にお酒をオーダーします
私、ワインとか詳しくなくて
ボクもあんまり
ソムリエに相談して決めましょうか

ワインをソムリエに相談する時
まるまる「おまかせ」にしてしまうのではなく
最低限の好みは伝えましょう
軽めのものを
お料理の希望を伝えて合うワインを選んでもらったり
このサーモンの料理を頼もうと思ってるんですが
お料理の地域にワインの産地を合わせて選ぶというのも
ブルゴーニュ産
ボルドー産

予算が気になる場合予約の時に伝えるか
お手頃なものを
直接伝えてもOKです
ただし金額を具体的に伝えないように
飲めない人は
ミネラルウォーターを
お酒が飲めないなら無理をせず
お酒は好きなんですがたくさんは飲めなくて…
ボクもです
最初に伝えて
テイスティングは
× 味見ではなく
○ 色や香り品質を確かめるもの
おつかれさまー
乾杯!
ズイッ
乾杯はたしか…
グラスを軽く持ち上げ
× グラスとグラスはぶつけない
でもこういう時は空気をこわさないよう
ちょっとだけ

電話予約でおさえておきたいこと

- お店が忙しくない時間帯を選ぶ
- 変更が出た場合は早めに連絡を

えーと電話…あ、今ランチで忙しい時間かも…
忙しい時間の電話はやめとこ
バタバタ
プルル
想像
きっと大変…
電話をかける時間はなるべくお店が忙しくない時間帯を選んで
あ電話しよっと
目安
10時30分~11時
15時~16時30分

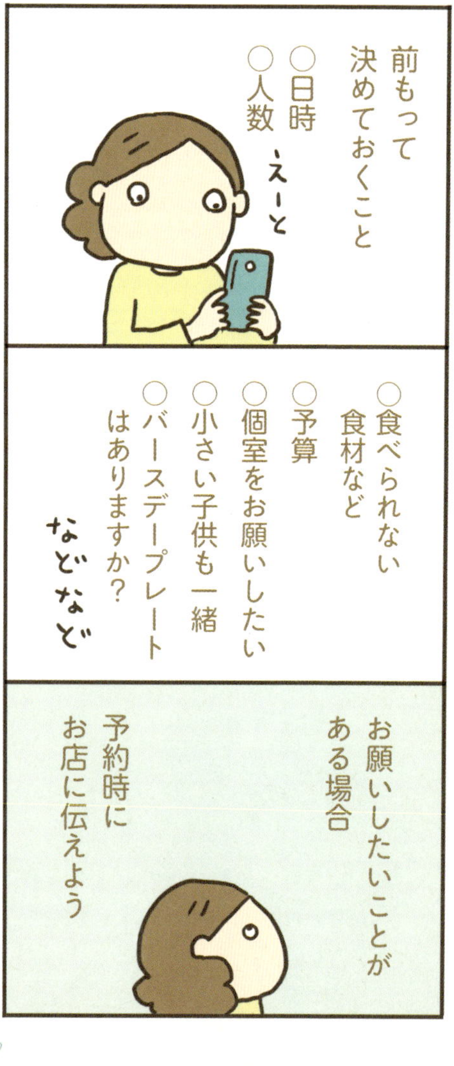
前もって決めておくこと
○日時
○人数
えーと
○食べられない食材など
○予算
○個室をお願いしたい
○小さい子供も一緒
○バースデープレートはありますか？
などなど
お願いしたいことがある場合
予約時にお店に伝えよう

席の予約をお願いしたいのですが今お時間よろしいですか？
18日の金曜日に
はい、4名でお願いしたいんですけど
できたら19時に…
あっはい大丈夫です
はいよろしくお願いします森下といいます電話番号は——
氏名と連絡先を伝える
18日金曜日19時
予約とれました
「森下」で予約とってます
ゴメン18日
行けなくなっちゃいました…
えっインフルエンザ
大丈夫かな…
人数など変更が出た場合は早めにお店に連絡を
18日に予約をお願いしてます森下と申します
当日遅刻してしまいそうな時も同様に
ま、間に合うはず！
ダッ

How good are my table manners?

遠慮の1個が残ってしまったら…

- 「どなたか召し上がりませんか?」と声をかける
- 誰も食べない場合は、小皿に移すかさげてもらう

お料理が
1つ残っている
今日は初顔合わせの
打ち合わせだから…
はじめまして
遠慮して
なかなか手を
つけられない感
食べたい…
チラッ
チラッ

いきなり
これ食べていいですか?
と聞くのも
気がひける…
そんな時は
どなたか召し上がりませんか?
いえ私は
私も森下さんどうぞ
まずはほかの方に伺ってから
じゃあ私いただいていいですか?
どうぞどうぞ

ワイ
ワイ
また
ちょっと残ってる
次の料理がくるのでどなたか召し上がりませんか
食べたいけどどうしよう次の料理が食べられなくなりそうな
じゃあとりあえずお皿移しときますね
そういう時は小皿に移しておく
エビとアボカドの生春巻きですー
どうしても食べられない時は
すみませんこちらのお料理さげてもらってもいいですか？
ごめんなさいおなかがいっぱいで
おいしかったです
いいえ
いいえ

中座するタイミング

- 「お手洗い」ではなく「お化粧室」
- オーダー前と食事中は控える

基本的にお手洗いはすませておくこと
たぶんお店このあたりなんだけど…
←お店
お手洗いに行きたく…
2人が来てからの方がいいかな

おまたせー
ブッブー
あっ私お手洗い行ってくるね
お手洗い×
お化粧室◎
行くのはオーダーがすんでからにしましょう
でないとオーダーを待たせてしまうことに
うちらもう決めたよー
あっごめんごめん

目の前に料理があるうちも行くのは控えましょう
お店にも失礼にあたります
メインが終わり
ちょっといってきます
○コーヒーデザート前はOK
手ぶらでは行かないように
ハンカチやポーチを持って
ナプキンはイスに
宴会中などの時は隣の人にそっと伝えて
お化粧室に行ってきます
一気に行かないように
あっ私も
ぞろ
ぞろ
そしてあまり長居しないこと
だら
だら
○食事が終わりお会計前のタイミングでもOKです

席を移動したい時

- 空調を変えてもらうのはNG
- 席を移動したい時は質問スタイルで

ブルブル
ここ冷房直撃の席だね
う…うん
席変えてもらっていいと思う？
どうしよっか

この場合「冷房を弱めてもらえますか？」というのはほかのお客様もいることなので基本NG
席が空いているようなら
席を替わらせていただいても大丈夫ですか？
という聞き方で
この場合も
「お店へのお願いは質問形で」
冷房に弱い人は羽織りものを持っていると便利です

ワハハ
まぁ飲んで飲んで
ですさぁ
ワイ
ワイ
隣がうるさくて話が聞こえないね
わっしょい
わっしょい
うん…
そういう時は
落ち着いた席に替えさせていただけますか？
大事な日の場合は予約の時にリクエストしておこう
静かで夜景の見える席に…
座り方
基本は左側から
イスを押してもらいながら座る
ありがとうございます
バッグはイスの背もたれと腰の間に
空いている席に置いてもOKです
テーブルに置くのはNGです

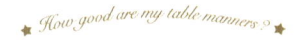

上手なお酌の仕方

- 相手のグラスが空になる前に「お注ぎしてもいいですか?」
- 断る時は「ありがとうございます。充分いただきました」

サッ
あ、お注ぎします
タイミングが見事
ワイワイ
私は新人社員の頃からお酌が下手で…
タ、タイミングがわからない…

まだ大丈夫だよ
あっはい
注ぎ足しはNG
冷
ぬるい
泡ばっかだよー
あっすみません
注ぎ方が下手だと泡だらけ
ビールの注ぎ方
最初は勢いよく泡を立てて
あとはおとなしく注ぐ
泡3：液体7
ラベル下あたりを瓶の上から右手で持ち左手で瓶の中央を下から支える

お酌をする時は グラスが 空になる前に
お注ぎしてもいいですか？
と一声かける
注いでもらう時
ビールは持ち上げずにグラスを30度傾けます 日本酒は両手でおちょこを持ちましょう
ありがとうございます
ワイングラスは持たないで
ありがとうございます
お酌の必要がない時に 相手の飲みものが 残り1／4ぐらいに なっていたら
飲みもの何か注文しますか？
2杯目いかがしますか？
など
お酌や2杯目を断る時は
ありがとうございます 充分いただきました

お鍋のマナー

- 直箸、逆さ箸はNG
- 取り分ける時は、野菜を下にしてメインを上に

ワイ
ワイ
ハッ
あっ今 自分の 使ってた お箸で 取ってた
取り箸
いけない いけない
ついいつもの 調子で…

直箸
きらい箸の ひとつ
自分で使って いたお箸をみんなで 食べるものに 直接使ってしまう
野菜 入れて いい〜?
逆さ箸
お箸を逆さにして 持つ
食べていた側が上になり 見映えもよくない
取り分けは
取り箸で

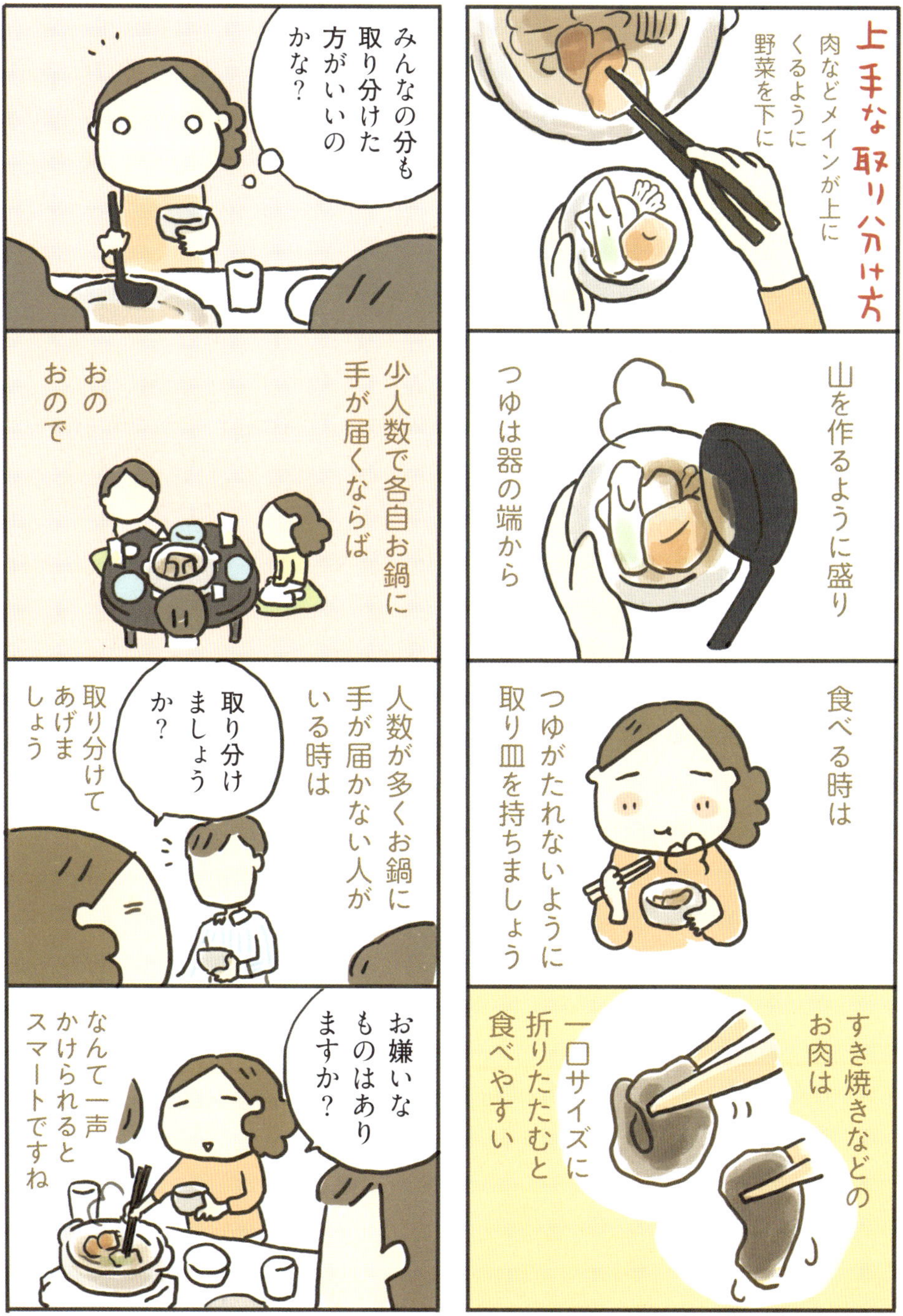
上手な取り分け方
肉などメインが上にくるように野菜を下に
山を作るように盛り
つゆは器の端から
食べる時は
つゆがたれないように取り皿を持ちましょう
すき焼きなどのお肉は
一口サイズに折りたたむと食べやすい
みんなの分も取り分けた方がいいのかな？
少人数で各自お鍋に手が届くならば
おのおので
人数が多くお鍋に手が届かない人がいる時は
取り分けましょうか？
取り分けてあげましょう
お嫌いなものはありますか？
なんて一声かけられるとスマートですね

ごちそうしてもらったら?

- 一度は支払う意思を伝える
- お礼は当日か翌日までに

ごちそうになる時
相手が目上の方や仕事相手の場合
素直にごちそうさまですって言った方がいいのか払いますって言った方がいいのか…
おいくらでしたか？
一度は支払う意思を伝えて

あっ大丈夫ですよここは私が
あまり「払います」と言いすぎても相手の好意をそこねてしまうので
ありがとうございます
お言葉に甘えさせていただきます
お店を出たあと改めてお礼を
ごちそうさまでした

後日のお礼は
なるべく早いうちに
友達や恋人には
その日のうちにでも
今日はありがとう～楽しかった
ビジネスの場合
次の日に
1日おくことで
改めて楽しかった
気持ちを伝える
意味もあります
こちらが払う場合
食事が終わって
年下のいとこ
キャ
キャ
化粧室に行ってきます
その時にお会計もすますと
スマートです
これができた時
大人になったわー
てね
わーい ごちそうさまです ー

お店にふさわしい服装は?

- TPOを見極めて
- バッグやアクセサリー、靴など細部まで気遣いを

イタリアンレストランに・・・
ランチ
友達と
こんな感じかな
クツとバッグはきちんとしたものを
ステキなお店では
ステキな格好で食事したい

ドレスコード
フォーマル
パーティなど
インフォーマル
結婚式・会食
星つきのレストラン
など
スマートカジュアル
きれいめスタイル
レストラン
ドレスコードがある
レストランで
気をつけたいもの
デニム
短パン
つっかけ

クロークにバッグをあずける時
ミニバッグを用意しておくとよいです
グロス
ハンカチ
貴重品
お化粧室に行く時などもスマート
アクセサリーは食器にあたってキズつけるようなものは着けない
ジャラ
ジャラ
ガチンッ
食事のジャマになる香水はNG
うっ
お座敷の場合
靴を脱ぐので脱ぎにくい靴やブーツをさけましょう
サンダルの場合
裸足になってしまわないよう気をつけます
くつ下など持参で
くつ下
フットカバー
ミニスカートはさけましょう
ひざ上
素足
ハッ
左右違うくつ下…

小倉先生の
大人のテーブルマナー講座 ④

お料理そのものに感謝をすれば、テーブルマナーはもっと美しくなる

26ページで同席者や作り手以外に、お料理そのものにも心遣いをと申し上げました。ぜひ、食材や食器などにも目を向けてみてください。そうすることで、あなたの所作はさらに丁寧に変化するはずです。

ステーキを力任せに切り刻んだら、お肉が悲鳴をあげます。お刺身をお箸でギュッとつまんだら身が苦しそう……。そんなふうに考えていただきたいのです。食材にも命があり、縁があって今自分の目の前にあるもの。このご縁を大切に、味わって食べてください。

食器類も、お料理を引き立てるもの、食べやすいものが選ばれています。それを大切に扱うことで、所作は自然と美しくなり料理をおいしく感じさせてくれます。フォーク、ナイフを使うフランス料理は苦手、お箸だけで焼き魚をうまく食べられないから人前では頼めない、なんて思う方がいるかもしれません。けれど、これらはあなたがお料理をおいしくいただくためのパートナーです。決して敵ではありません。上手に使いこなすことで心強い味方になってくれます。

マナーの先生をしていて思うことがあります。それは、いくつになっても誰でもマナーは直せるということ。今さらお箸の持ち方は直せないと思うかもしれません。けれど、私の生徒さんは皆さん、2〜3週間で正しいお箸の持ち方を習得しています。練習をすればするほど、お箸の扱いはどんどんうまくなっていきます。そしてうまくなっているという実感があります。その過程が自信につながり、もっと「食」を楽しみたいという思いに変わっていきます。最後は仕事やプライベートまで自信がつくようになります。人生が好転した！　という人も多くいます。食べ方を変えると人生が変わるといっても過言ではありません。

本書を通して自分の食べ方をもう一度見直し、人生もハッピーに変えてくださいね。

Lesson 5

会席料理&フレンチのコースを食べに行こう!

いよいよテーブルマナーの総仕上げ。
コース料理をいただきながら、
流れのあるマナーを学びましょう。
ゴールは、堂々とおいしく料理を食べること!

（主な）会席料理の流れ

1品ずつ運ばれてくるので、出てきた順にいただきます。お吸い物から焼き物までの一汁三菜は必ず出される基本です。それに、揚げ物、蒸し物などが加えられる場合があります。

1 先付 前菜

肴の盛り合わせ。

2 吸い物

すまし仕立ての汁物。

3 お造り

お刺身の盛り合わせ。

4 煮物

旬の野菜や魚の煮物。炊き合わせとも。

5 焼き物

旬の魚。尾頭付きが出ることも。

6 揚げ物

野菜や魚を揚げたもの。手前から食べ進めます。

7 蒸し物

茶碗蒸しやかぶら蒸しなど。

8 酢の物

海藻や魚介など。口直しの意があります。

9 お食事

ごはん
香の物
止め椀

止め椀は味噌汁のこと。まんべんなく食べます。

10 水菓子

旬の果物か、果物を使ったデザート。

先生と会席料理をご一緒しながら和食マナーのおさらいをしていきたいと思います
ドキ
ドキ
和食…ふだんの食べ方が試される時
それゆえに不安
気になるところがありましたらビシビシとご指導お願いします
了解
食前酒は梅酒
くいっ
前菜 生湯葉のすり流し
わー すてきな演出ですね～
はすの葉をフタに
パクッ

ん？・
フフフ
今、急いでパクッて食べてしまったわね
えっ
そういえばそう…かも…
こぼす前に早く口に入れなくちゃっという感じに見えてしまうので
スプーンを運ぶときはゆっくりと
正面からパクッではなくななめにそっと口に入れる感じで
スッ
あっすごい優雅です
でしょ？
そっ
そうそう
口に運ぶスピードか
そこまで考えたことなかった！

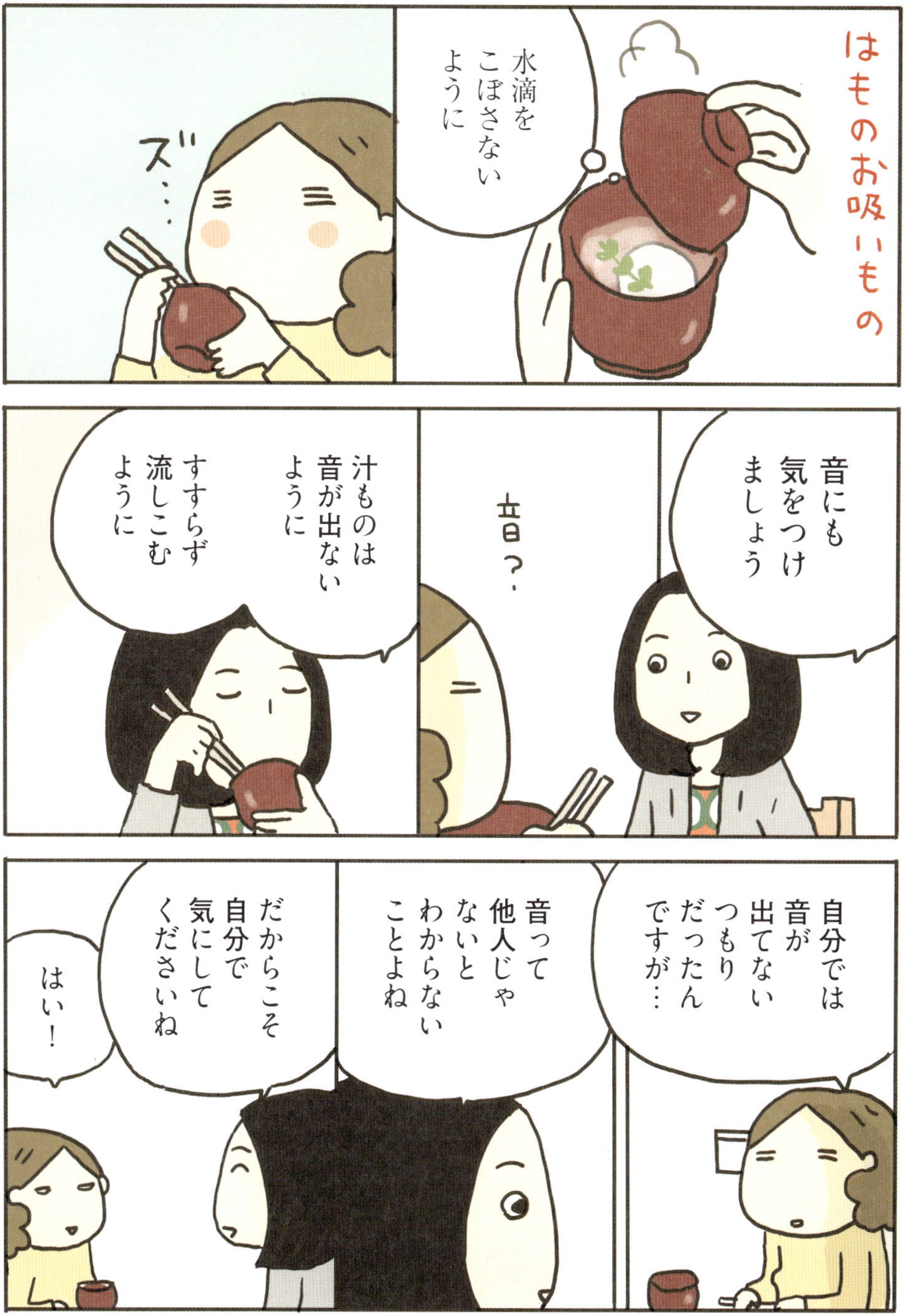
はものお吸いもの
水滴をこぼさないように
ズ…
音にも気をつけましょう
音?
汁ものは音が出ないようにすすらず流しこむように
自分では音が出てないつもりだったんですが…
音って他人じゃないとわからないことよね
だからこそ自分で気にしてくださいね
はい!

お造り
上にのってるほじそは口直しのハーブなので
これほじそっていうんだ
そのまま食べてもいいですし
しごいておしょう油に入れたりしてもいいですよ
わーでもどこから食べればいいか迷っ
お料理はせっかくのきれいな盛り付けを崩さぬよう最初の美しさをなるべく保つように食べるですね?! 先生!!
その通り
でもそれを心がけていれば食べ順もおのずとわかるということ
端から一種類ずつ
バランスよく
白身から赤身の順番もおいしく食べられます
さっぱり←こってり
ふむふむ
最後まで美しく
薬味はお皿の端によせて

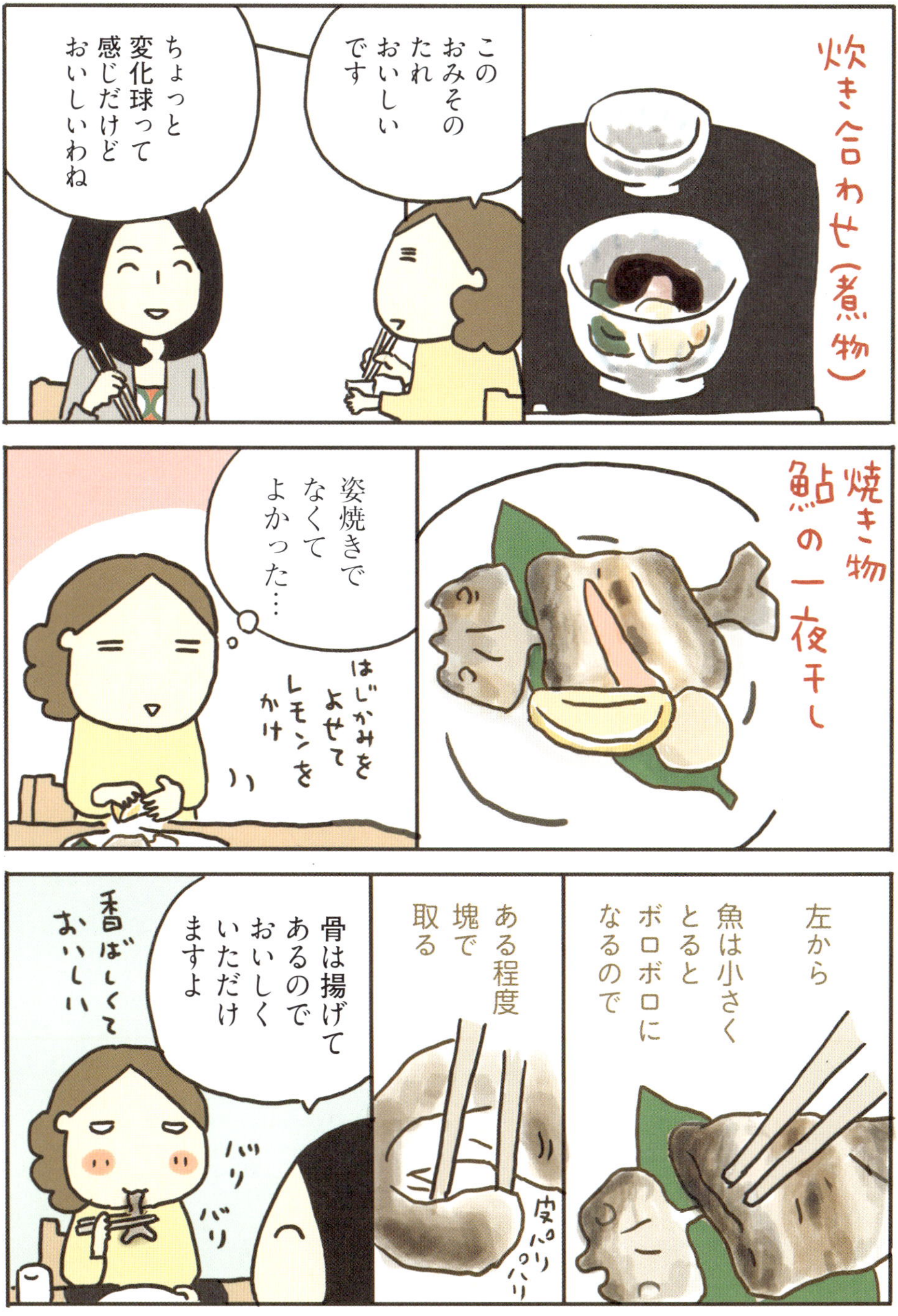

炊き合わせ(煮物)
このおみそのたれおいしいです
ちょっと変化球って感じだけどおいしいわね
焼き物
鮎の一夜干し
姿焼きでなくてよかった…
はじかみをよせてレモンをかけ
左から魚は小さくとるとボロボロになるので
ある程度塊で取る
皮パリパリ
骨は揚げてあるのでおいしくいただけますよ
香ばしくておいしい
バリ
バリ

揚げ物の盛り合わせ
あんかけが下にたれそう
お皿をよせて
ズズ
器をひきずるのはダメよ
ハッ
つ、ついうっかり
ひきずると器やテーブルが
キズついてしまうかもしれないでしょ？
キズつけないためにはどうすればいいのかな
と考えるの
そのためには器は両手で持ち上げて…
そうです

きれいな食べ方って配慮に始まり配慮に終わるの形はついてくるものなんですよ
お店や同席者への配慮かぁ…
なるほど
お食事 止め椀 香の物 穴子とみょうがの炊き込みごはん
あとデザートで終わりかな
ちょっとホッ…
ボリボリ
森下さん香の物の音が隣の部屋まで響きそう…
ボリン
他の方に聞こえないように配慮を…
まずは食べる時気配りができるように…
つい気を抜いて…
ポリン

主な フランス料理のコースの流れ

お店によって品数が異なりますが、フォーマル度の高い全8品を紹介します。何種類かから選んで自分でコースを組み立てる「プリフィクス」というスタイルもあります。

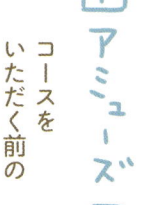

1 アミューズ

コースをいただく前の「お通し」にあたります。

2 オードブル

塩気や酸味のあるものが多く、食欲を増進させます。

3 スープとパン

正式にはスープを先にいただきますが、最近は一緒でもＯＫです。

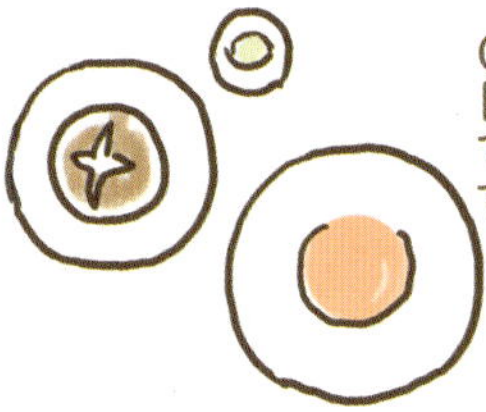

4 ポワソン（魚料理）

魚のほかに、貝類、甲殻類（カニやエビ）などをさします。

5 ソルベ

お口直しのシャーベット。

6 アントレ（肉料理）

牛、豚、鶏以外に、鴨や鹿、雉などが出されることも。

7 デセール

デザートのこと。ケーキやアイス、フルーツなどが出されます。

8 カフェ・プティフール

コーヒーと小さな焼き菓子が出されます。

カトラリーがあらかじめ並んでいる場合、コース順に外側から並んでいる
いちばん外側から使い始めよう

わー
ステキな
お店
本日は
シェフおまかせで
5品用意させて
いただいて
おります
前回の会席料理で
ガチガチに緊張し…
思いのほか
できて
なかった
私…
フランス料理は
もっとなじみが
うすいのですが
私
シャンパンを
頼んでも
いいですか
？
がんばり
ます!!
グラスは
持たないで
待つ…
こういう時って
手をどこに
おいて待って
いればいいです
か？

こんな感じで
背すじをのばして
手首からひじの間はつけていい
手のひらをテーブルにべたっとつけない
「休め」じゃなく「待ってる」感じでね
テーブルの下にはいれない
こんな感じかな
アミューズ
オマールエビのビスク
たこやき風
これは…たこやきみたく一口でパクッと食べていいのかフォークで切って半分にした方がいいのかでも中になにか入ってたらぶしゃーと
あ、先生普通に半分に切って食べてた
考えすぎ
うんおーいしい
…
今日は先生に最初から食べ方を教えてもらおう
オードブル
ぼたんエビと
ライチと赤カブのタルタル仕立て

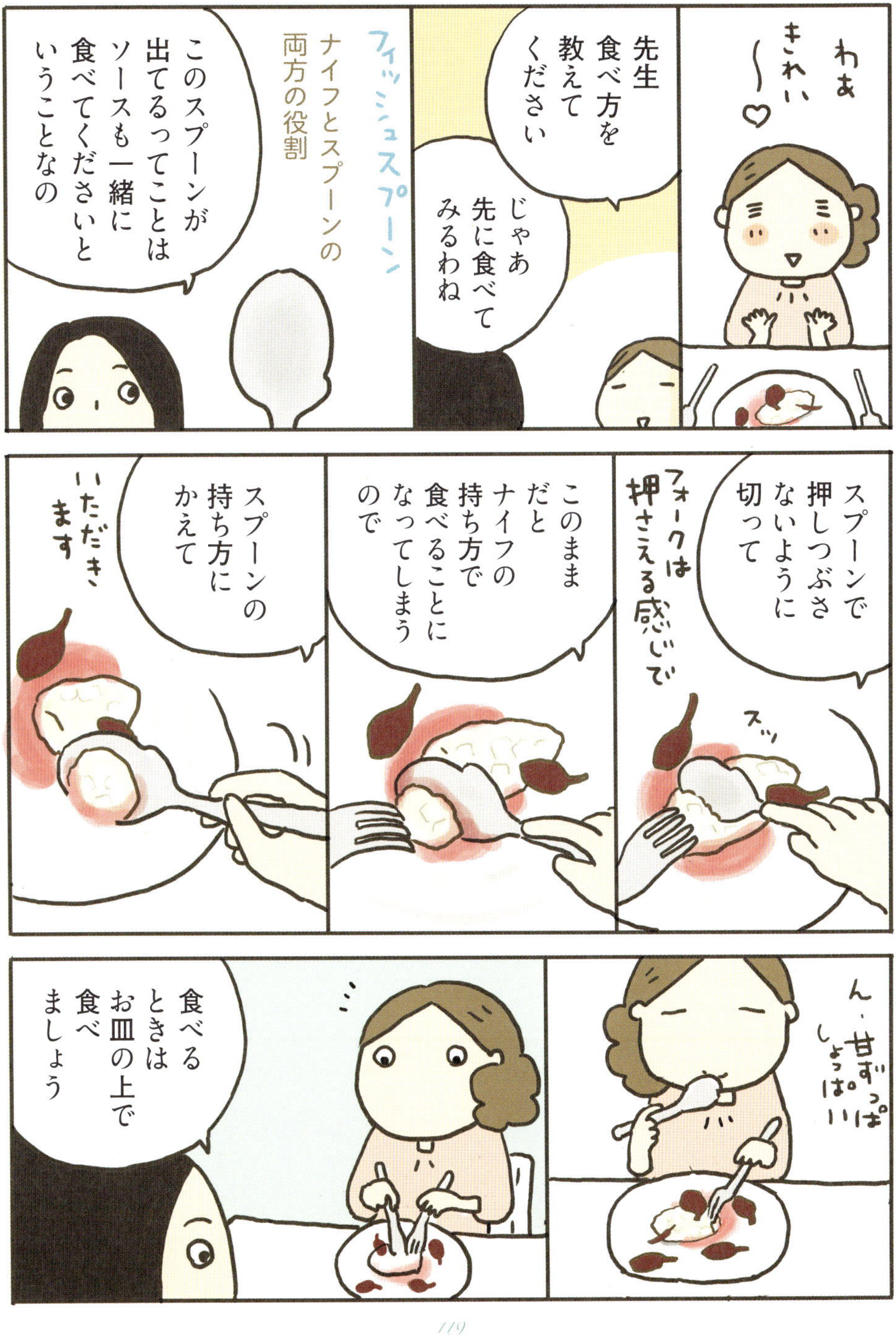
わぁ きれい～♡
先生 食べ方を 教えて ください
じゃあ 先に食べて みるわね
フィッシュスプーン
ナイフとスプーンの 両方の役割
このスプーンが 出てるってことは ソースも一緒に 食べてくださいと いうことなの
スプーンで 押しつぶさ ないように 切って
フォークは 押さえる感じで
スッ
このまま だと ナイフの 持ち方で 食べることに なってしまう ので
スプーンの 持ち方に かえて
いただきます
ん、甘ずっぱい しょっぱい
食べる ときは お皿の上で 食べ ましょう

マナーでとにかくいけないのはこぼすこと
作ってくれたん
お料理
同席者
すべてに対して
失礼に
お料理をこぼさないためにはどうすればいいかな
と考えるのよ
万が一こぼしてしまうならせめてお皿の上にって考えるの
食べる時にそういうイメージができるかどうかよね
ポタ
イメージ
スープ ド ポワソン
10種類の魚貝のスープ
パンとオリーブオイル
自分では気付いてなかったけど…
私は汁物全般飲むのが苦手…
自分で気付いてなかったっていうのが怖いとこ…

大丈夫よ まずは こぼさない こと
復習
はい
スープを すくって
ポタポタ落ちるのを ふせぐために
お皿のフチで 少ししずくを 落として
スプーンを かたむけて 流しこむ ように
こぼさないように
お皿の上で飲むように
スプーンの角度を考えて
お皿に手をそえて
ま、まぁOKかな…
わ〜濃厚ですね
いろんな 海の幸の 味がして おいしい わね
あ お皿のフチ が汚く…
「やりすぎる と汚くなる」 そこに途中で 気付くか どうかよね
…はい

パンは右手主体で食べる
一口大にちぎって
オリーブオイルをこぼさないように近づけて
使ったら定位置に戻す
つけたらパンを上に向ける（こぼさないように）
バターの場合はまず一口大にちぎって食べる分だけ自分のバターナイフでのせる
ポワソン
アマダイと イサキのロースト
白身魚は身が崩れやすいのでフォークで軽く刺して
ナイフで身を切り
口に運ぶ
エレガント…

先生 魚の皮が うまく 切れない 時は…
切りすぎて 身がボロボロに…
そういう 時は フォークの 位置を かえて
皮に フォークを あてて 皮だけを ナイフで 切るようにする
そして 食べる時は ななめから そっと
覚えた
身が ボロボロに なった時は ナイフで よせて フォークに のせて 食べる
デザート 温かいショコラ
わぁ オシャレな 盛り付け
でも食べ方が わからない…

先生 この食べ方は どうすれば …
んー 店の オリジナルで 私もはじめて 食べるのよ
こうやって 中のチョコを いただいたり
あ、この まわりの 生地 クレープっ ぽい
そうね そうやって 料理と会話 しながら 食べ方を 変えていけば いいの
あとこれは いつどう やって 食べれば いいですか? この枝 みたいの
…
そんなに これは この食べ方で とか マナーの形を ガチガチと 考えなくて 大丈夫
美しく食べる というのは 形だけでなく 気持ちだから

相手への気配りがマナーになって表れるもの
あとは経験をふんでいけば自然と自信もついていきますよ
経験かぁ…
ちょっと頭の中でマナーを考えすぎてしまっていたかも
そうだ これを機に気になっていたお店にいっぱい行ってみよう いろんな人誘って
楽しく食べながらきちんと相手を気遣える人になりたい
これからもテーブルマナー実践していきます
先生ありがとうございました!

おわりに

だら〜
ハッ
シャキ
今まで家で食べる時って
ぼへー
仕事が忙しかったりでついいろいろ手も抜きがちだったけど
ぼへー
そうすると外で食べる時にもそれがにじみでてしまうという…
普段から意識して食べるのが大事

レストランにて
この本日のおすすめって
そうなんだー
スッ
スッ
ちょっとだけ自信がついてきた…かな
マナーを知ってる安心感
あとはもっと気配りできるようになりたいなあ
どんな場所でもどんな人と一緒でもおいしくきれいに食べられるようになるのが目標です

[著者] 森下えみこ

静岡生まれ。第4回コミックエッセイプチ大賞にてデビュー。
主な著作に『森下えみこの私の敬語正しいと思っていたけれど。』『森下えみこの私の敬語正しいと思っていたけれど。日常&マナー編』『独りでできるもん(全3巻)』『今日も朝からたまご焼き』(すべて小社刊)などがある。

[監修者] 小倉朋子

(株)トータルフード代表取締役。フードプロデューサー。亜細亜大学講師。トヨタ自動車(株)、海外留学を経て、現職。「食輝塾」主宰。テレビ、ラジオな どメディアにも多数出演。日本箸文化協会代表。著書に『世界一美しい食べ方のマナー』(高橋書店)、『「いただきます」を忘れた日本人』(アスキー・メディアワークス)など多数。

★ *How good are my table manners?* ★

私のテーブルマナー本当に大丈夫?

2015年9月18日　初版第1刷発行

著　　者	森下えみこ
発 行 者	川金正法
発 行 所	株式会社KADOKAWA 〒102-8177　東京都千代田区富士見2-13-3 0570-002-001(カスタマーサポートセンター) 年末年始を除く平日10:00〜18:00まで
印刷・製本	図書印刷株式会社

ISBN 978-4-04-067791-0　C0077

Printed in Japan

http://www.kadokawa.co.jp/